死者の民主主義

畑中章宏

トランスビュー
Transview

はじめに

ギリシャの島に生まれ、イギリスやアメリカ大陸やカリブ海に浮かぶ島などを経て、日本の山陰地方にたどりついたひとりの文学者が、かつてこんなことを書いていた。

われわれの行為は、ことごとく、
われわれの内部にある死者の行為なのではあるまいか。

私がこの一節を知ったのは、いまから三〇年以上前の大学生のときである。死者を主題にした、日本のある詩人の詩集に引用されているのを読んだのだった。この詩集は、引用の織物のような詩の連なりによって構成されていて、かのギリシャ生まれの文学者のほかにも、民俗学者や小説家、東西の詩人らが作者の目を通して現代の風景を見、作者の言葉を借りて語りかけてくる。

それにしてもこの一節ほど、現代の社会や政治や経済や芸術にかんする行為に、意識されてしかるべき言葉もないだろう。生きているものたちの日々のおこないは、おしなべて死者たちのおこないであることを、民俗学者である私は認めざるをえない。しかし、このことは多くの人には忘れられがちであり、またこのことを認めたがらない人もいるだろう。また学問や研究の対象として扱うには、いささか情緒的で、あやふやだとみなされかねないのもたしかである。またここでの死者を、その類縁である精霊や妖怪と置きかえたとき、さらにうさん臭い戯《ざ》れ言《ごと》だと思われるにちがいない。だからこそ私はあえて、死者や精霊や妖怪の行為にこだわるのだ。

この一冊はここ数年のあいだに、思想誌からウェブメディアまでさまざまな媒体に書いた文章を収めたものであり、次のような四つの部分から成っている。

第Ⅰ部は、死者や精霊はこの社会とどのような関係をとり結ぶのか、死者は公共性をもちうるのかといった問題にかんする文章を集めた。第Ⅱ部では、妖怪や幽霊はこの時代にどこにいるのか、新たに生まれているのか、またテクノロジーの進歩と民俗的心性のかかわりあいについて考えている。第Ⅲ部では、日本人の過去から現在におよぶ信仰の諸相、古くからの信心と新たに芽生えつつある信仰につながりはあるのかといったことに思いをめぐらせた。第Ⅳ部は、先人の営為を顧みながら、現代との接点を探ろうとした仕事が中心となっている。

そしてこの本のタイトルは、『死者の民主主義』とした。死者や精霊や妖怪、あるいはそのほかの人間ならざるもの、また人間と人間ならざるものの境界にいるような存在の事情に思いをいたし、彼らの言い分を聞いてみようというのが、この本を編んだ動機である。そして彼らの政治参加を促し、彼らが現代社会の重要な構成員であることを知らしめたいのだ。

私がいままで出してきた本もそうだったが、この一冊も、滑稽で、ロマンチックで、生真面目なものになっている。そして、本書のさまざまな主張は、二一世紀の社会通念からは、ずれたものばかりだろう。けれども、滑稽で、ロマンチックで、生真面目なものがこの時代には疎《うと》んじられているからこそ、こうして世に送りだすのである。

Ⅱ　人はなぜ「怪」を見るのか

Ⅲ　日本人と信仰

Ⅳ さまざまな民俗学

I

死者の民主主義

いまこの国には「死者のための民主主義」が必要である

「死者を会議に招かねばならない」

近年のこの国の選挙ではリベラルと目される政党が遊説やインタビューで、強いリーダーが結論を押しつける「上からの民主主義」ではなく、国民の声に幅広く寄りそう「草の根からの民主主義」が大事だと訴えることが少なくない。

「草の根民主主義」という言葉は、一九七〇年代に当時の革新勢力によって唱えられた理念だが、二一世紀の現在、リベラルの理念として目新しい言葉がなく、いままた掲げられることになったのだろう。しかしどの選挙戦でも言葉が空回りするばかりで、議論が深められることはなかった。いまこそ「草の根」とは何か、あるいは「草の根」とは「保守」や「伝統」とは乖《かい》離《り》したものなのかといったことについて、改めて見つめなおすべきときではないだろうか。

そこで筆者が思い浮かべるのは、二〇世紀の初めのほぼ同じ時期に、イギリスの作家と日本の民俗学者が主張した、「死者のための民主主義」というべき思想である。イギリスの作家とは、探偵小説「ブラウン神父」シリーズで知られ、批評家、詩人、随筆家としても名声を博したギルバート・キース・チェスタトン（一八七四～一九三六）である。日本の民俗学者とは、農商務省の官僚から民間伝承研究者に転じ、『遠野物語』『一目小僧その他』『先祖の話』などの著作をものした柳田国男《やなぎたくにお》（一八七五～一九六二）である。

チェスタトンはその主著と目される『正統とは何か』（一九〇八年）で、民主主義が伝統と対立するという考えがどうしても理解できないと述べる。その伝統とは、「民主主義を時間の軸にそって昔に押し広げたものにほかならない」ず、孤立した記録や偶然に選ばれた記録よりも、過去の平凡な人間共通の輿論《よろん》を信用するもののはずであるという。伝統とは、言ってみれば「あらゆる階級のうちもっとも陽の目を見ぬ階級、われらが祖先に投票権を与えることを意味するのである。死者の民主主義なのだ」。

チェスタトンがいう「死者の民主主義」が、かなり過激な思想であることは、次のような主張からもみてとれる。「今の人間」が投票権を独占することは、たまたまいま生きて動いているというだけのことで、生者の傲慢な寡頭《かとう》政治以外のなにものでもないというのだ。「いかなる人間といえども死の偶然によって権利を奪われてはなら」ないとチェスタトンは訴える。「われわれは死者を会議に招かねばならない」というこのイギリス人の考えは、愚にもつかない妄想や、神秘主義の類《たぐい》だとして、現在の私たちが一蹴してもよいものだろうか。

祖霊の政治参加を促す

柳田国男は、東京帝国大学法科大学政治科を卒業後、農商務省農務局農政課に勤務し、官僚として全国の農山村を歩きまわるとともに、いくつかの大学で農政にかんする講義を受けもった。一九〇二年（明治三五）から翌年にかけて、中央大学では「農業政策学」講義をおこない、そこでは次のような国家観を語っている。

国家の政策をある側の注文に合わせ、一方の注文に背く場合が少なからずある。こうした場合に、多数者の利益になることが国の利益だと考えてよいというものがいるけれど、それがはたして、国民の多数の希望に合うかどうかを知ることは難しい。また、少数者の利益を無視するいわれもない。

国家は、現在生活する国民のみを以て構成すとはいいがたし。死し去りたる我々の祖先も国民なり。その希望も容《い》れざるべからず。また国家は永遠のものなれば、将来生まれ出ずべき、我々の子孫も国民なり。その利益も保護せざるべからず。

柳田国男は民俗学者になる以前に、「今の人間」だけが社会を構成し、社会の参加者として意見するだけではなく、死者の希望や、これから生まれてくる人間の利益を考慮すべきだと語っていたのである。

この講義から八年後、チェスタトンの『正統とは何か』刊行から二年後の一九一〇年（明治四三）に刊行された『時代ト農政』にも、死者の政治参加にかんする記述がある。

国民の二分の一プラス一人の説は多数の説だけれども、私たちは他の二分の一マイナス一人の利益を顧みないわけにはいかない。しかも、万人が同じ希望をもってはいても、国家の生命は永遠であるから、まだ生まれてきていないものたちの利益も考慮しなければならない。

況《いわ》んや我々はすでに、土に帰したる数千億万の同胞を持っておりまして、その精霊もまた、国運発展の事業の上に、無限の利害の感を抱いているのであります。

ここで柳田がいう「精霊」は、「祖霊」と言いかえてもよいだろう。それにしても、死者たちの霊が国の行く末にたいして利害の感覚を抱いているという柳田の考えは、チェスタトンに劣らず過激なものである。少壮官僚柳田のこうした主張は、急速な西欧化・近代化を推しすめる明治政府に向かっての激烈な反抗だった。しかし当時も、「どうも柳田の説は変だ」「あの男の言うことは分らぬ」などと批判にさらされたのである。

柳田は、貴族院書記官長を最後に官僚の座を離れたが、国際連盟の事務次長に就いていた新渡戸稲造に請われて、国際連盟委任統治委員を務めた。統治委員離任後は、朝日新聞の論説委員として、普通選挙の導入のため健筆を揮《ふる》うことになる。その際に柳田は、「死者にも選挙権を与えよ」といった主張を具体的にはしていない。しかし、太平洋戦争のさなかに書いた『先祖の話』でも明らかなように、柳田が死者を社会の重要な構成員だと考えていたことは疑いえないのだ。日本における「草の根」とはほんらい、こういった国家観、社会観をさすものであったはずなのだ。

妖怪や精霊にも選挙権を

二一世紀の現在、チェスタトンや柳田の思想をどのように取りいれることができるだろう。東日本大震災から現在まで、私たちは犠牲者の意思を斟酌《しんしゃく》して、政治や社会を考えてきただろうか。太平洋戦争後七〇年以上、復興や再生を口にするばかりで、死者もまた社会の一員だと捉えて、国家や国際社会がめざすべき方向を模索してきただろうか。「民主主義が危機に瀕している」と言われるけれど、それは近代型、もしくは西欧型の民主主義である。私たちはこれから、伝統にもとづく古くて新しい民主主義を考えていく必要があるはずだ。

『21世紀の民俗学』(二〇一七年)で私は、日本列島に棲息してきた「妖怪」たちは、災害や戦争などにより不慮の死を遂げた人びとの集合霊であり、彼らにも選挙権を与えるべきだと主張した。現実的には、河童やザシキワラシに投票所に足を運んでもらうことはもちろん困難である。ただし、集合霊たる妖怪が、どのような公約を掲げる候補者なら納得するかを想像してみることは、決して現実離れしたことではないだろう。さらに言えば、精霊や妖怪、小さな神々を素朴に信じる人びと、信じてきた人びとこそが民主主義の担い手であると私は考えるのだ。

「死者の立憲主義」

現代の日本社会を死者の目でみる行為を意識的に促すことは、民俗学以外の領域からも提起されている。たとえば政治学者の中島岳志《たけし》は近年、「死者の立憲主義」を繰り返し唱えている。中島は、『保守と立憲――世界によって私が変えられないために』(二〇一八年)で、「保守」や「立憲」、「リベラル」などの概念を整理しながら現実政治を批評する。中島によると、この本の発端は二〇一一年(平成二三)におこった東日本大震災にあるという。震災直後に書いた「死者と共に生きる」という文章で中島は、大切な人の死(二人称の死)に直面した被災地に向けて、死者との出会い直しの重要性を論じた。死者はいなくなったのではなく、死者となって存在している。私たちは死者の存在を思い、死者から照らされて生きることで、倫理や規範を獲得する。中島は自身の専門領域である政治学においても、死者という問題が重要な意味をもつのではないかと考えるようになったという。

たとえば「立憲主義」は、過去のさまざまな失敗を繰り返さないよう、そこで得られた経験知や教訓をルール化し、憲法によって国家権力を制約するものである。この立憲主義が対象とする「国民」は現在の国民だけではなく、死者たちも含まれる。過去に蓄積してきた苦難の歴史の産物が憲法であり、死者の経験の総体が、現在の権力を縛っていると中島は言うのだった。

南方《みなかた》熊楠《くまぐす》の戦い

ここで改めて強調しておきたいことがある。それは日本の民俗学が、近代化のなかで蔑《ないがし》ろにされようとしているものたちに目を向けさせるための、戦いでもあったということだ。柳田国男の民俗学はなによりも、山人や妖怪、あるいは神社神道から漏れおちた小さな神々に光をあてようとするものだった。こうした観点からは、南方熊楠の神社合祀《ごうし》反対運動も強調すべき民俗学の戦いだったのである。

一九〇六年（明治三九）ごろから第一次西園寺内閣は、集落ごとにある神社を合祀し、一町村一神社を標準とせよという神社合祀を全国に促した。次の桂内閣もこれを引きつぎ、熊楠が拠点とする和歌山県では、とくに威圧的に推進されようとしたのである。

町や村の集落ごとにある神社は、住民の融和、慰安や信仰の拠りどころであり、神社合祀は史跡と古伝を滅亡させるものだった。また神社が鎮座するところには必ず、緑豊かな森林があり、神社合祀がおこなわれることで併合された神社跡の林が伐採されて、民俗的な風景が失われ、生態が解明されていない生物が絶滅することを熊楠は危惧したのである。

熊楠は地元の『牟婁《むろ》新報』をはじめ、大阪や東京の新聞社にも反対意見の原稿を送り、また中央の学者に応援を求めた。また植物学者で東京大学教授の松村任三《じんぞう》に、神社合祀を批判する手紙を送った。この手紙を、当時内閣法制局参事官だった柳田が印刷し、『南方二書』と題して関係者に配布し、熊楠の運動を助けたのである。

熊楠は植物学上の貴重な生態を保護するためだけに、神社合祀に反対したわけではない。鬱《うっ》蒼《そう》たる森も熊楠からみれば、樹木、花や葉、キノコやコケや粘菌から成り立つ世界である。しかもその構成物たる植物や菌類も、私たちと同じ命をもつ生きものなのである。熊楠のマンダラ的世界観によるとき、「社会」とはこうした重層的で、複雑で、多様性に満ちたものだということになる。柳田が熊楠に共鳴した理由もそのような社会観を共有していたからだったのだ。

熊楠の反対運動も奏功し、一九二〇年(大正九年)、貴族院で「神社合祀無益」と決議される。しかし、熊楠の運動により伐採を免れた神社林もあったが、数多くの社殿、社叢、原生林が姿を消してしまう。熊楠はその後も、田辺湾の神島《かしま》をはじめとする自然保護の戦いを晩年まで続けたのである。

「平凡人は人生を内側から見ている」

チェスタトンによると、民主主義の信条は「結婚」「子どもの養育」「国家の法律」といった最も重要な物事を、平凡人自身に任せることだという。そのうえでこのイギリス人は、「伝説」のほうが「歴史書」より尊敬されねばならないと述べる。なぜならそれは、「伝説」は村の正気の大衆によって作られるのにたいし、「書物」は村のたった一人の狂人が書くものだからというのである。自身の信条としても、「日々の仕事に精を出す大衆を信じることであり、たまたま末席を汚している文壇という特殊社会の、気むずかしい先生がたを信じる気にはどうもなれない」というのだ。

非凡人の明晰明快な論証より、平凡人の空想や偏見のほうがより好ましく、「平凡人は人生を内側から見ているからだ」というチェスタトンの辛辣な言葉から、現在の知識人が政治に果たしている役割のおぼつかなさを、私は想起するのだった。

「私は死んだのですか？」

大震災をめぐる「幽霊」と「妖怪」

私たちは数多くの「死霊」と出会ってきた

これから私は「幽霊」の話をするつもりである。震災後に出会ってきたおびただしい数の死者の霊についてだ。残念ながらしかし、私が「幽霊」をこの目で見たり、会話を交わしたという話ではない。

亡くなった近親者や仲間の霊に被災者が出会った、あるいは見も知らぬものの霊と被災地を訪ねた人がコミュニケーションしたなどという「霊体験」を記録した出版物が刊行されつづけている。そうした読書をとおして、私も数多くの霊と出会ってきたというのである。被災地における霊体験の記録者は、宗教家、宗教学者、社会学者、ノンフィクション作家、フリージャーナリスト、新聞・通信社の記者と幅広い。にもかかわらず、出版が相次ぐのは読者の需要があるからだろう。

一万五〇〇〇人以上の死者を出した震災について、だれしもが事態の全容をつかみかねている。そこで災害から距離をおく人びとが、残酷な事実を念頭にしながらも情緒的な理解を期待して、神秘的な霊体験、霊魂譚《たん》を読もうとするのだろうか。ここではそうした霊魂譚のいくつかを紹介しながら、生者と死霊の遭遇が意味するところについて、民俗学の視点から考えてみたいと思う。

さまざまな霊魂譚

テレビのドキュメンタリー番組でも取りあげられた有名な霊魂譚に、津波で亡くなった子どもが、生前に遊んでいたおもちゃを親の前で動かしたというものがある。子どもの母親が食事のとき祭壇に向かい、「こっちで食べようね」と声をかけると、ハンドル付きのおもちゃの車がいきなり点滅し、音を立てて動きだしたという話だ。

次に紹介する霊体験も印象的なものである。

ある男性が、震災前に住んでいた家の前で携帯を使い写真を撮ってみると、小学校で津波に巻きこまれ、行方不明になったままの子どもの顔が写っていた。その出来事以来、男性はだれかが天井を歩いたり、壁を叩いたりする音が聞こえるようになった。物音が奏でるリズムは、落ち着きのなかった子どもの生前の性格を思いおこさせた。

宮城県石巻市で、複数のタクシードライバーが幽霊に遭遇したという事例は、調査者が社会学を学ぶ大学生だということでも話題になった。

石巻駅で乗せた三〇代の女性は、初夏にもかかわらずファーのついたコートを着ていた。目的地をたずねると、大津波で更地になった集落だった。「コートは暑くないか?」と聞くと「私は死んだのですか」と答えるので、ミラーを見ると後部座席にはだれも坐っていなかった……。

夏の深夜、小学生くらいの女の子がコート、帽子、マフラー、ブーツなどの厚着をして立っていた。「お母さんとお父さんは?」とたずねたところ「ひとりぼっち」と答えた。女の子の家があるという場所の近くまで乗せていくと、感謝の意を表し、降りたと思った瞬間に姿を消した……。

私自身、被災地になんども足を運んでいるが、霊体験を聞いたことはない。またなにかしらの怪異な出来事に遭遇した経験もまだない。しかし被災者や被災地にゆかりのある人が、幽霊に会ったり、怪異な体験をしたのは疑うことのできない事実だろう。柳田国男が言うところの「目前の出来事」「現在の事実」にほかならないのだ。しかしなかには、被災地に訪ねてきた取材者、調査者へのサービスに神秘体験を語った場合もあるかもしれない。注意すべきは、身近にいた人の突然の死に向き合ったとき、その人が夢枕に立ったり、現実世界に現れてなにかしらの接触をはかってくることは、大災害時以外にも起こっているということだ。

あの世からの伝言

『龍の子太郎』や『ふたりのイーダ』などの童話を書いたことでも知られる民話採集者の松谷みよ子は、『あの世からのことづて——私の遠野物語』（一九八四年）に、現代の幽霊譚や怪異譚を数多く収録している。たとえばこんな話である。

運転手の無謀運転による交通事故で亡くなった八歳の少年の霊が、そのショックから入院した母親に声をかけた。「コンクールに出す手作り絵本が机の中に入っているから、送ってよ」。子どもの机の引き出しを夫に調べてもらうと、男の子が描いた絵本が出てきた。その絵本を賞に応募したところ入選を果たした……。

小学校六年生の男の子が浜へ泳ぎにいき、溺れて死んだ。両親は、来年は中学にあがるはずだったその子のために、制服やカバンをそろえていた。担任の先生も、「せめて卒業証書をあげてほしい」と校長に頼んだが、卒業式に写真で参加することだけが許された。式の直前、子どもの友だちが遺影をもって坐っていると、講堂の腰板が外れ、すうっと風が入ってきた。式が終わり写真を返しにいくと、亡くなった男の子の母親が、講堂に風が吹いた時間に玄関の戸が急に開いたと告げた。みんなは口々に、男の子は卒業式に出かけたのだろうと話した……。

こうした霊体験は決して珍しいことではない。親しい人が突然この世からいなくなったとき、人びとは霊と再会し、死んだものもまたこの世に現れるのだ。霊との遭遇は身近な人にだけ起こるともかぎらない。大震災の被災地を離れても、交通事故現場に立つ幽霊を見ることは不自然なことではないし、死んだはずのものがタクシーに手を上げ、ドライバーが乗せてしまうこともあるだろう。個別的な霊体験はこの瞬間にも各地で起こっている。不謹慎に聞こえるかもしれないけれど、東日本大震災では、その数が圧倒的に多かったという違いだけなのだ。

新たな妖怪伝承は生まれるのか

被災地における霊魂譚のなかには、個人の霊と遭遇したというのとは違う、特殊な体験も記録されている。体験者である男性は津波被災地の近くに住み、震災から十日ほど経ってから現場を訪ね、死霊にとり憑《つ》かれてしまったようなのである。

男性はアイスクリームを食べながら、クルマに「災害援助」という嘘の貼り紙をし、被災地を歩いた。するとその夜にうなされて、家族に向かい「死ね、死ね、みんな死んで消えてしまえ」、「みんな死んだんだよ。だから死ね！」と叫び、何日も暴れまわった。男性の苦悩を聞いた宗教家は、死者にたいする畏敬の念をもたず、興味本位で被災地を訪ねたためだろうと彼に告げた。

私が震災以降、被災地から伝わる話で興味を持ちつづけているのは、霊体験ではなく、妖怪が発生したという事例である。『災害と妖怪』（二〇一二年）で私は、河童や天狗、ザシキワラシといった妖怪は、災害や戦争から生き残った人びとのうしろめたさの感情が伝承されたり、霊的存在の集合をイメージ化してきたものではないかという仮説を立てた。死霊にとり憑かれた男性が出会ったのは、ひとりひとりが孤独に分散した「個別霊」ではなく、無数の霊が結びついた「集合霊」だったといえるだろう。しかし被災地で「妖怪」が誕生したという話はまだ聞こえてこない。近代化された社会では、妖怪は新たに生みだされてこないのだろうか。被災地ではいまでも、死者も生者も分断され、孤独にさいなまれている。「個別霊」が集まり「生霊」とも結びついたとき、被災地の精神的、民俗的な復興が果たされるのではないかと私は思うのだ。

関連書籍

- 東北学院大学震災記録プロジェクト・金菱清（ゼミナール）編『呼び覚まされる霊性の震災学――3・11　生と死のはざまで』新曜社、二〇一六年
- 宇田川敬介『震災後の不思議な話――三陸の〈怪談〉』飛鳥新社、二〇一六年
- 奥野修司『魂でもいいからそばにいて――3・11後の霊体験を聞く』新潮社、二〇一七年
- リチャード・ロイド・パリー『津波の霊たち――3・11　死と生の物語』濱野大道訳、早川書房、二〇一八年

妖怪と公共

世間の不注意というくらい怖ろしい敵はない、何より怖ろしい。

——柳田国男「幽冥談」

柳田国男の妖怪体験

『遠野物語』（一九一〇年）を世に出す前から、柳田国男にとって妖怪が「目前の出来事」であり、「現在の事実」であったのはよく知られるところである。

柳田が生まれた兵庫県の辻川（現在の兵庫県神崎郡福崎町）の西には、南北に市川が流れている。丹波国と播磨国との境界近く、三国山に源を発するこの川は、神崎郡を流れくだり、姫路の飾磨《しかま》で播磨灘に注ぐ。その川べりにある「駒ヶ岩」の周りの蒼々とした淵では、「川童《かっぱ》」に子どもがひきずりこまれて死ぬことがしょっちゅうだった。辻川では川童（河童）のことを「ガタロ（川太郎）」と呼び、「その実害は二夏と途絶えたことはなく、小学校の話題は秋のかかりまで、ガタロで持ち切り」（『妖怪談義』自序）だったという。柳田自身も、じつはここで死にかけたことがある。岩の近くは水が渦巻いているが、慌てずじっとしていると流れのままにからだが運ばれる。そうして浅瀬へ押しながされて、浮かびあがることができたのだった。

柳田の父で、国学者で神官でもあった松岡操《みさお》（号約斎《やくさい》）は、幼い国男に化物の話をしながら、その絵をよく描いてくれたという。深夜すれ違いざまに、笠を目深《まぶか》にかぶった少年を見ると、顔の真ん中に円い眼が一つあったという類の話は、「今は五歳の幼童も承認せぬ事件であるが、ある時代にはこれを固く信じた人も多かった」。しかし柳田は、顔の真ん中に目が一つといった一つ目小僧の姿には早くから疑念を抱いていた。

自分の生まれ在所では村の氏神と隣村の氏神と、谷川を隔てて石合戦をなされ、あちらは眼にあたって傷つかれたゆえに、今でも隣村の人は片目が小さいといっていたが、しかもこちらの社の門客人《かどまろうどがみ》、いわゆる矢大臣がまた片目を閉じた木像である。幼少の頃からこれを不思議に思って、今も引続いて理由を知りたいと願っている。片方の目は一文字に塞《ふさ》いで、他の一方は尋常に見開いているのが、二体ある像の向って右

手の年とった方だけであったように記憶する。今でもまだあろうから確かめることはできる。もちろんこの彫刻は定まった様式に従ったまでで、特にこの社のみにかぎられたことではなかろうが、他の実例はあの地方ではまだ心づかぬ。
「目一つ五郎考」

一九〇五年（明治三八）に雑誌『新古文林』に発表された「幽冥談」は、柳田の幽霊譚や亡霊譚の最初期にあたるものである。この文章のなかに、池原香雅《こうが》という歌よみが「天狗」に会った話が出てくる。

ある日の夕方、池原は播州宇野の野中の道を、道連れになった旅僧と言葉を交わしながら歩くことになった。「全体貴下《あなた》はどこへお出《いで》にあるのですか」と池原が聞くと、男は「私はあすこの穢れた村を焼きに行くのだ」と言った。「あれをご覧なさい、あすこに燈火が二つ点《つ》いている。右の方の光りは非常に清らかだが、左の方の光は穢れていると言うから見たけれど分らない。それであの村を焼いてしまわなければならぬ」といい、「ちょいと指したところがたちまち村は焼けた」。

柳田はこれを天狗の所業だとし、しかも「これらは事実であろうと思う」と述べる。池原の没年から察すると、この出来事は当時から四、五〇年前のことだろう。「その時分にもそういう不思議な事を吾々が目撃することがあったのである」。播州の「宇野」は、現在の兵庫県宍《し》栗《そう》市山崎町の宇野だろうか。すると柳田の故郷辻川にも近く、柳田はそのあたりの風景と重ねあわせながら、この怪異譚を事実だと認定したのである。

柳田は『遠野物語』を嚆矢《こうし》に、河童にまつわる伝承を次々と蒐集していった。その目的は、「この話などは類型全国に充満せり。いやしくも川童のおるという国には必ずこの話あり。何のゆえにか」という疑問を、自分で考えるだけではなく、後進にもその手がかりを与えるためだった。しかし、その発端となった『遠野物語』収録の五篇の「川童」譚は、たいそう気味の悪いものである。河童と人間のあいだにできた子どもは手に水掻きがあり、また別の子どもは「身内真赤にして口大きく、まことにいやな子」だった。

一つ目小僧については一九三四年（昭和九）に『一目《ひとつめ》小僧その他』を公刊して、年来の課題の解決を試みた。一つ目小僧は多くの「おばけ」と同様に、「本拠を離れ系統を失った昔の小さい神である」。実際に見た人が少なくなり、文字どおり目を一つ目に絵に描くようになってしまったが、ほんらいは片方の目を潰された神だった。神祭りの日には、神の眷属《けんぞく》にするため人を殺す風習があり、その候補者が逃げてもすぐ捕まるように、片目を潰し、足を一本折っておいた。ところがこの風習がいつのまにか廃れて、目を潰す儀式だけが残った。

——目を一つにする手続きもおいおい無用とする時代は来たが、人以外の動物に向って——

は大分後代までなおこなわれ、一方にはまた以前の御霊の片目であったことを永く記憶するので、その神が主神の統御を離れてしまって、山野道路を漂泊することになると、恐ろしいことこの上なしとせざるを得なかったのである。

（「一目小僧」）

柳田が「幽冥談」で証明しようとしたのは、「幽冥教」、すなわち天狗信仰の歴史であった。それは民間信仰や固有信仰に裏打ちされた日本人独自の霊魂観であり、世界観でもある。この世は「現世（うつし世）」と「幽冥（かくり世）」から成りたち、「かくり世」から「うつし世」を見聞きすることはできても、「うつし世」から「かくり世」を見ることはできない。柳田はこの二つの「世」が交わるところに、「天狗」に代表されるような土着的な信仰観念を位置づける。「天狗の話」（一九〇九年）では、天狗の歴史を叙述するとともに、柳田は西洋の妖精と日本の妖怪の比較を試みる。西洋においても、北ヨーロッパでいまなお活動している「フェアリー」は、発祥地であるケルト民族の特性をよく代表している。快活で悪戯《いたずら》好き、しかもまた人懐っこいフェアリーの気風は、たしかにセルチック、、、、だが、世界の「おばけ」のなかでは異色の存在で、「天狗」はこれに比べると「やや幽鬱である」。またフェアリーは「海洋的」で、天狗は「山地的」である……。

こういった比較をしていたころ、柳田は妖怪の国際比較といったことを民俗学の課題として考えていたのではないだろうか。

『村の話』が実際は国の話であり、或は弘く人類の話であるかも知れないわけが判ってこそ、読んでもう一度考えて見ようという人が、土地にも追々と多くなって行くのである。

「盆過ぎメドチ談」

しかし、柳田の妖怪研究は、こういった方向に広がっていくことはなかった。

さまよう妖怪

柳田は『妖怪談義』（一九五六年）で、妖怪は「零落した神」であると定義した。たとえば「川童祭懐古」では河童が零落する歴史を、次のように描いている。

河童はかつて「水神」として信仰を集めた神だったが、近世の文学や絵画のなかで娯楽化され、大衆に浸透していった。河童が二度目に文学に登場したのは泉鏡花、芥川龍之介たちの尽力によるものだったが、ふたりとも「私たちの川童研究から、若干の示唆を得たように明言せられているのは光栄のいたりだが、遺憾に思うことはまだ少しばかり、川童を馬鹿にしてござる」。幼いころに見た「近代の絵空事」の影響と思われるが、私たちが思い描く「水の童子」と違っているのはもちろん、ふつうの村人が考えている河童よりもみっともない。まるで曲亭《きょくてい》馬琴《ばきん》の浄瑠璃『化競丑満鐘《ばけくらべうしみつのかね》』の延長で、「笑っちゃいけませんといいたいくらいのものである」。

河童が神霊の座から落ちこぼれていったのは、河童のほうにも責任がある。精霊が零落していくときにはよくあることだが、河童も「化物根性」を発揮しすぎた。河童はすべての水信仰を守る神であったのに、存在を否認しようとすると現れて、人を驚かすものと考えられるようになってしまった。そしていまでは、河童が活躍する範囲はかぎられてしまい、しかも畏怖や恐怖の対象ではなくなりつつあるのだ。

日本人は水の神がもたらす怒りを畏れて、みだりに触れないように慎重につきあってきたにもかかわらず、新しい学問は畏怖の原因を明らかにしてしまった。いっぽう地方によっては、「水」がもたらす災いの要因を河童に求めたため、その部分だけが強調されている。しかもそれをおもしろがっているうちに、河童を「滑稽な化け物」にしてしまった。こうした事態は、「国民としても少しく心苦しい次第だ」と、柳田は嘆くのである。

柳田はまた、「盆過ぎメドチ談」で、「ばけ物」にたいする人の態度の三段階を示し、その思想の進化過程を論じている。第一段階は、ばけ物の出現を恐れ、敬して遠ざける。第二段階は、ばけ物の存在を疑うが、内心では気味悪く思う。第三段階にいたると、ほとんどの人がばけ物を信じることがなく、人の知力でばけ物の正体をあばいて退散させるようになる。

柳田民俗学の読者でも、実在の動物や植物の事情であれば彼らを思いやり、真に受けることもできただろう。あるいは地名や風の名前の由来であれば、まじめに耳を傾けた。その実例である『孤猿随筆』（一九三九年）、『野草雑記』（一九四〇年）は、動物や植物の歴史と生活に寄りそおうとするものだった。

狐と人間の交際、という言葉が穏やかでないならば両者の間柄は、永い年月に幾度かの変化をしている。その変遷の歴史なども、やはり私は明らかにしておく必要があると思っているのである。普通の考え方から言うと、これは主として人間の態度、または狐に関する常識というべきものが改まったので、相手方は全然あずかり知らぬことのようにも見えるが、実際には少なくともその影響の下に、狐の生活にも段々の革新が現われているのである。

「狐飛脚の話」

神様の事情なら、人びとはさらに真剣に聞いたことだろう。妖怪の歴史と生活が疎《うと》んじられるのは、妖怪が実在するのか、という疑いが横たわっているからである。妖怪の歴史は、言ってみれば、日本人の感情の歴史だった。柳田が妖怪に関心を寄せたのも、「常民」の形にならない感情、不定型な想念を反映していると考えたからにほかならない。柳田の「妖怪は零落した神」であるという評言には、妖怪が蔑ろにされていることにたいする、恨みと焦燥が滲みでているのである。

神にも人間にも、動物にも植物にも属さないけれど、妖怪は日本人の霊魂観や自然観を如実に映しだしてきた。しかし、日本人の霊魂や自然との乖離《かいり》が、都市的な妖怪を生み出し、蒐集癖が強い妖怪趣味を跋扈《ばっこ》させた。柳田の妖怪譚が腑に落ちないのは、妖怪がどこかにカテゴライズされたり、なんらかの腑分けにあてはめることができないからである。

妖怪の発展と発見

共同体が伝承してきた妖怪にたいし、夢枕に立つ幽霊は、その経験を他人に話さなければ、あくまでも個人に属する。しかし複数の人に経験が共有されたり、あるいは幽霊が辻に立つようになると共同性を帯びる。こうしたことが繰りかえされて「伝説」になっていく。『遠野物語』の第九九話は、二〇一一年の大津波以降、明治三陸津波をめぐる怪異譚としてよく知られるようになった。この話も、ある特定の個人が経験した怪異現象だが、その経験に共鳴する人びとが少なからずいたのである。

霧の布《し》きたる夜なりしが、その霧の中より男女二人の者の近よるを見れば、女は正しく亡くなりしわが妻なり。思わずその跡をつけて、はるばると船越村の方へ行く崎の洞《ほこら》あるところまで追い行き、名を呼びたるに、振り返りてにこと笑いたり。男はとみればこれも同じ里の者にて海嘯《かいしょう》の難に死せし者なり。

二人を追いかけた男は、自分が見たのは死者だと気づき、夜明けまで道中で考え、朝になって帰った。そして「その後久しく煩《わずら》いたりといえり」。

東北の大学生が、幽霊と思しきものを車に乗せたというタクシー運転手の証言を集めて話題になった。運転手が幽霊を恐れず、丁重に遇したことがこの霊魂譚を美談にし、腑に落ちる話にしてしまった。そもそもタクシーの運転手が幽霊を乗せて走るのは、決して珍しいことではないのだが。

民話研究家・民話採集者の松谷みよ子は『現代民話考』で、現在の事実としての怪異譚を数多く集めた。そのなかには河童や天狗にまつわる話のほか、死者と遭遇した話がいくつも収められ、なかには運転手が体験したものもある。

ある雨の降る夜、トラックの運転手が山形県と宮城県の境の峠にさしかかると、子連れの女が傘もささずに立ちすくんでいた。運転手は車を止め、「仙台までだが、よかったら乗んな」と声をかけた。作並温泉まで来て「仙台はもう少しだぜ」と言って、後ろを見たがだれもいない。女の座っていたあとは、ぐっしょり濡れていた。ほかにも多くの運転手がここで同じような経験をしている。この峠では数年前に、仙台のある一家が車ごと谷に転落し、全員が死亡した事故があった。そこで彼らの霊にちがいないと、供養塔を建てて弔うことにした。塔を建ててから幽霊は出てこなくなったという。

桜井徳太郎は、「モウリョウ信仰の基盤——とくに非業の死霊と供養儀礼について」(一九八三年)で、亡霊と妖怪の中間的な存在をめぐる伝承を紹介している。

高知県高岡郡仁淀《によど》村を流れる大植川の「オツギが淵」には、「フイシモンおつぎ」にまつわる言い伝えがある。このあたりでは山仕事で墜死したもの、洪水で溺死したもの、水泳中に水死したもの、首を吊った自殺者の亡霊を、「モウリョウ様」と呼ぶ。また非業の死を遂げたものを、「不意死者」の意味で「フイシモン」といい、この霊は知人や友人を死に誘い入れると位が上がるのだという。おつぎ婆さんは洪水で流され、下流で発見された水死体が丁重に埋葬され供養されたにもかかわらず、祟りや障《さわ》りを遺族におよぼした。そこで太夫《たゆう》に祈禱してもらったところ、フイシモンの霊が太夫に憑き、「手篤く祀らないと何代にもわたって祟る」、「婆さんの死霊をモウリョウ様に祀るとよい」と語った。おつぎ婆さんが遭難したと伝えられる場所に碑を立てて供養すると、それ以来、死霊の祟りは解消した。

桜井は『霊魂観の系譜――歴史民俗学の視点』（一九七七年）で、柳田の霊魂にかんする最初期の興味は、死霊一般、人間霊一般にたいして常民が抱く観念形態ではなく、特殊なケースに出現する現象や観念する対象そのものに注がれていたことを指摘する。柳田は、「怨霊《おんりょう》」や「御《ご》霊《りょう》」の性格を、民俗学の立場から明らかにすることに情熱を傾けた。そして、その対象は「縁者なきものの亡魂、他郷で死去したものの死霊、遭難・事故・自殺・戦死など非業《ひごう》の死をとげたものの亡霊、未婚のまま急死した若者の霊、あるいは愛児の夭折《ようせつ》したものの霊魂など、現世に怨恨をのこす迷える怨霊」だった。こうした「霊」が集合性を帯び、個人から離れて公共化され、抽象化されたのが日本の妖怪なのだと私は考える。

妖怪は特定の個人や家族だけではなく、共同体の枠を越えて、人びとを「もやもや」させようとする。崇高さと滑稽さのあいだに開いた落とし穴に人びとを連れこみ、名状しがたい感情を抱かせたいと思っているのだ。そうした思いが必要な状況に社会がいたったとき、妖怪は生まれてくるのである。柳田は「幽冥談」で、「戦乱がある間際になると非常に天狗が暴れる」と書いていた。戦乱はともかく、いま妖怪に求められているのは、なにごとも明確にしたり、おもしろがりたがる「知的」な精神状況なのではあるまいか。妖怪を発見し、育てられなくなった日本人の怠慢を、柳田はいまごろ嘆いているかもしれない。

死者に「更衣」した大勢の若者たち

渋谷のハロウィンをめぐる考察

ハロウィンの起源と日本での大流行

十月三一日の夜、ハロウィンを見物に渋谷に出かけた。今年（二〇一六年）のハロウィンは十月二九日と三〇日が土日にあたり、ハロウィンのほんらいである三一日が月曜日だったため人出が分散したらしい。私たちは午後五時半頃から八時過ぎまで、仮装した若者たちを観察したが、それでもたいへんな人混みだった。

渋谷駅の西側一帯、道玄坂、東急本店通り、渋谷センター街をメインストリート（メイン会場？）に、入り組んだ脇道や細道、ゆるやかな傾斜をめぐりながら、死神や魔女や怪物、囚人やポリス、ナースの仮装を追った。渋谷の街路のつながりや地形の特性も、格好の舞台であるように感じた。

ハロウィンはもともと、アイルランド（ケルト）の伝統社会で祖先や死者の霊を供養する節句、「万霊節＝サウィン」だった。サウィンは日本のお盆や大晦日にあたり、十月三一日の夜半にこの世とあの世の境目が破れて祖霊が蘇る、「新年」の始まりだったのである。

死者に仮装した子どもが、家々を回ってお菓子をねだる「トリック・オア・トリート！（お菓子をくれないと、いたずらするぞ）」も、子どもたちが霊魂の代理人として、無為な一年を過ごしてきた大人たちに「明日からの一年を大切に暮らせるか」と問いかける意味がある。

日本では、一九七〇年代からキデイランド原宿店がハロウィン・グッズの販売に力を入れるようになり、一九八三年（昭和五八）の十月にはハロウィン・パレードを企画し、一般客に参加を呼びかけた。この第一回のパレードでは、外国人を中心に約一〇〇名が歩行者天国だった表参道を練りあるいたという。

テーマパークの催しでは、東京都世田谷区の二子玉川にあったナムコ・ワンダーエッグの一九九二年（平成四）のハロウィンイベントが最初で、開園一年目から閉園となった二〇〇〇年まで毎年おこなわれていた。東京ディズニーリゾートの「ディズニー・ハロウィーン」はこれより遅く、一九九七年に始まったものである。

カボチャとカブと大根

ハロウィンのアイコンともいうべきカボチャのロウソク立て「ジャック・オ・ランタン」は、日本でも近年は十月初めから店頭に飾られ、お菓子や食品のパッケージなどにも利用されている。善霊を引き寄せ、悪霊たちを遠ざけるといわれているランタンの由来は、次のようなものである。

自堕落な人生を送ってきたジャックという男が死んだが、死後の世界に魂の立ち入りを拒まれた。そこでジャックは、悪魔からもらった石炭の火を、カブをくりぬいたランタンに灯してさまよい続けた……。アメリカに風習が伝わると、カブでできたランタンは、アイルランド移民の生産するカボチャに変わった（スコットランドでは現在もカブを使っているらしい）。

カボチャが日本に入ってきたのは、一五四二年（天文一一）にポルトガル人が種子島に漂着した際、鉄砲とともにカンボジアから持ちこまれたという。「カボチャ」はちなみに、「カンボジア」が訛《なま》ったものだといわれる。江戸時代末期に出版された『新板化物づくし』には、目・鼻・口がついた南瓜（カボチャ）の化物が人を襲ったり、逆さになった実が顔で、蔓《つる》が手足のようにうねるカボチャの化物が収められている。また『小倉擬百人一首』には、破れ提灯とカボチャの蔓が手を前に垂らした幽霊を思わせる歌川国芳の絵がある。

日本の民俗社会で年の節目を画する行事は、正月や小正月、あるいは「事八日《ことようか》」と呼ばれる一二月八日や二月八日におこなわれることが多い。そうしたなかで、ハロウィンと近い時期の民俗行事に、旧暦十月十日の「十日夜《とおかんや》」がある。

稲の刈りとりが終わり田の神が帰るとされるこの日の夜、子どもたちは「十日夜の藁《わら》鉄砲、夕飯食ってぶったたけ」などと歌いながら、藁を巻いてつくった鉄砲で地面を叩いて回る。これは地面の神を励ますためだとも、作物を荒らすモグラを追いはらうためだともいう。また「大根の年取」といって、「この日まで大根を取らない」「この日は大根畑に入らない」「二股大根を供える」といった伝承があり、大根の収穫祭でもあった。子どもたちは「十日夜」に、家々を回りお礼をもらうのだが、こうした「おねだり」を伴うのも、ハロウィンと似ている。

「死の仮装」が意味すること

ハロウィンを初めて見た感想は、かなり見応えのある「野外劇」だった。熱狂や一体感はないものの、自発的に死や霊にまつわる仮装をし、思い思いに離合集散するところが好ましいと思った。

仮装の流行に注目してみると、「スーパーマリオ」（リオ五輪閉会式の安倍総理のコスプレにちなむのか）、「ウォーリーを探せ」、「コップのフチ子さん」などが目についた。ポケットモンスターの仮装では、「ピカチュウ」が少なからずいた。短時間の観察では、『シン・ゴジラ』関連の仮装は確認できなかった。口と首筋から血を滴らせたゴジラの第二形態「蒲田くん」のコスプレを期待していたのだが、発見できなかっただけかもしれない。巫女姿の女性たちは、『君の名は。』の三葉や四葉のつもりだったのだろうか。

日本には古くから、「変身」することを「めでたい」とする感覚があった。変身は日常から飛翔する晴れがましい行為であり、変身は「飾る」ことと通底していたのである。祇園祭の絵図には、南蛮人の仮装をして町を練りあるく姿がみられ、風流《ふりゅう》踊り系の民俗芸能にも異形異相の扮装を見ることができる。

ハロウィンのさなかにツイッターで拡散された、タコやナマズ、カタツムリに大根などの仮装からなる「蝶々踊《ちょうちょう》り」の行列は、日本の変身行列の代表的なものである。一八三九年（天保十）の春、京都でおこった蝶々踊りの狂乱は、「諸人狐つきの様に相成、皆々昼夜踊り歩き、追々甚だしく、家々へ踊り込み、床の上へあがり、座敷まで土足のまま踊り」とあるように、前代未聞の騒動だった。しかしこの仮装行列は、じつはある前例に倣《なら》うものだった。

一八三七年（天保八）、大塩平八郎が救民のために大坂で反乱を起こして天満宮が焼失し、翌年から再建のため「砂持《すなもち》」がおこなわれた。砂持とは川をさらった砂を運び、寺社地を整える行事である。この「大坂砂持」に民衆はお祭り騒ぎで参加し、異形のいでたちで踊りあかした。騒ぎが評判になり、見物人が群集したが、民衆のために蜂起した大塩平八郎を討伐した後ろめたさから、奉行所は止めようとしなかった。つまり江戸時代の仮装行列の起源は、自害した大塩平八郎に報いるための祭だったのである。

スクランブル交差点の「彼岸」

ハロウィンを観察していて気がついたのは、春ぐらいをピークに見かけなくなっていた「自撮り棒」が復活していたことである。おそらくは数人単位をいちどに写せる機械として、この機会に見直されたのだろう。仮装した若者たちは、自撮り棒につけたスマホで友人たちと写真に収まり、インスタグラムやフェイスブック、ツイッター等のSNSに画像をあげて、称賛や共感を得ることを期待しているにちがいない。

先ほど「野外劇」と書いたが、日本の芸能や舞台芸はもともと、「亡魂」を祀り、荒ぶる霊を鎮めるための呪術的行為だった。演者は「死者」そのものや、「死者の生前の姿」に変身し、その「変身」行為は、見かけの上だけの変化に止まるものではなかった。扮装上の変身は「憑《ひょう》依《い》」と一体で、人格の変身をも意味したのである。

「ドン・キホーテ」の前で、買ったばかりのコスチュームに着替えたり、コインロッカーの前で着替えている人びともいた。また臨時の「更衣室」を設けた施設もみられる。「変身」「変装」「仮装」と言えば、ファンタジーのニュアンスが漂うけれど、現実的に言えば「更衣」なのだと気づかされる。死の仮装もここでは、「憑依」ではなくあくまでも「更衣」にすぎないのだ。

日本型ハロウィンの定着とともに、死とは無関係な仮装が相当に侵蝕している。アラビアンナイトやフチ子さんの仮装はかわいいけれども、せめて血糊を塗るとか、衣服の一部を破るぐらいの演出はしてほしいと思う。民俗学者としての要望をさらに言えば、なるべくならハロウィンほんらいの、死霊や魔物の仮装に限定してもらいたいものだ。ハロウィンの夜には、「死を想え（メメント・モリ）」、と言いたいのである。

また和風の仮装も推奨しておきたい。『千と千尋の神隠し』（二〇〇一年）の「カオナシ」を何人も見かけたが、屈強な「ダース・ベイダー」に伍して、日本的霊性をひっそりと漂わせていた。『千と千尋〜』なら、油屋（湯屋）に集う「八百万の神々」がいてもいいと思う。大根の姿をした「おしらさま」、木の葉の服を着た「おなま様」、ひよこの神様「オオトリ様」、「春日様」に「牛鬼」、「オクサレ様（河の神）」などはいかがだろうか。

あるいはフランス人写真家シャルル・フレジェの写真集『YOKAI NO SHIMA 日本の祝祭――万物に宿る神々の仮装』（二〇一六年）に収録されている日本各地の来訪神・仮装神たちも、土俗的で精霊的でファッションセンスに溢れていて参考になるかもしれない。

死霊の祭として評価しつつ、もうひとつ私が不満に思うのは、日本のハロウィンが「歳時記」をないがしろにしている点である。先述したように、今年は十月三一日が月曜日だったため、ハロウィンのイベントを三〇日に終えてしまったところも少なくなかった。これではクリスマスを一二月二三日に祝ったり、大晦日を一二月三〇日におこなうのと変わりがない。

渋谷駅の東側に移動して「Shibuya Hikarie」の八階から交差点を眺めると、人混みの密度はどんどん高まっているようである。もう一度ガードをくぐり、「三千里薬品」「天津甘栗」のあたりからスクランブル交差点のようすを眺めてみると、あまりの人波で、対岸に渡るのはもう無理だと悟った。そのとき、スクランブル交差点が今夜ばかりは、あの世とこの世の境を流れる「三途の川」に見えたのである。

日本の祭はどこにあるのか

祭は発見される

「日本の祭はどこにあるのか」ということについて考えてみたいと思う。

この「どこにあるのか」という設問には、二つの意味をこめている。ひとつは、「どこの場所に存在するのか」という空間的な所在地と、継承の有無を問題にするものである。もうひとつは、現在の日本で「祭がどういった段階に差し掛かっているのか」という歴史的な視座である。後者の問題関心に答えが出せたとして、さらにそのうえ、祭がどこに存在するのかという解答まで導きだせれば望ましいことではある。

柳田国男は『日本の祭』（一九四二年）で、「日本の祭の最も重要な一つの変わり目は何だったか」と問いかけ、次のように述べている。

> 一言でいうと見物と称する群の発生、すなわち祭の参加者の中に、信仰を共にせざる人々、言わばただ審美的の立場から、この行事を観望する者の現れたことであろう。

こうした変化の過程で、「祭」が他人の目を意識するようになってしまったことについて、民俗学が影響を与えたケースは、決して少なくないだろう。地域共同体の構成員が地域共同体のために伝えてきた祭を、儀礼の古さや稀少さに注目し、民俗学者が民俗文化財として評価する。すると共同体の外側から、見物人、観光客、カメラマンが、大勢訪ねてくるようになったという事例である。

日本各地の民間芸能を歳時記的に網羅した書籍に紹介されている祭は、いつかだれかが発見したからこそ、そこに掲載されているのだ。だから「秘祭」と形容されている祭でも、公に紹介されている時点で「秘祭」ではないということになる。

「雪祭り」と「盆踊り」

民俗学者が発見した「祭」の例として、長野県南部の同じ町で、夏と冬におこなわれる二つの祭を挙げたい。その町とは長野県下伊那郡阿南町新野《にいの》、夏の祭は一般的に「新野の盆踊り」、冬の祭は「雪祭り」と呼ばれている。二つの祭のうち、夏のほうは『遠野物語』で知られる柳田国男が、冬のほうは『古代研究』の著者折口信夫《おりくちしのぶ》が発見したものである。

一九二六年（大正一五）の一月、折口は「二善寺《にぜんじ》のお祭り」「正月神事」などと呼ばれていた祭を、初めて見るため新野を訪れた。一四日の深夜から翌一五日の朝まで、伊豆神社の境内で夜を徹しておこなわれるこの祭は、田楽、舞楽、神楽、猿楽、田遊びなど、日本の多彩な民間芸能の要素が盛りこまれている。雪を豊年の吉兆とみなし、ひと握りの雪でも神前に供えなければ祭が成立しないと言って、新野に雪がないときには峠まで取りにいくという。こうした古くからのしきたりに注目した折口の提案により、この祭は「新野の雪祭り」と呼ばれるようになった。

折口が来訪したときには、こんな出来事もあった。折口の同行者が、「お牛」という舞を写真に撮ろうとしたところ、舞人が支度部屋に戻ってしまった。そこで折口が、「今一度やってみてくれ」と村人に頼むと、「新野の祭りは二度出たことがない。何を言うのか東京の小僧、見せ物じゃあないぞ」と罵られたというのである。

「新野の盆踊り」は新暦八月一四日から一六日の夜どおし、町の大通りに祀られる「市神様」の前で、囃子を使わず、音頭取りと踊り子の掛け合いによって進んでいく。踊りは現在、七種類で、以前は一二種類の踊りがあったが、「新野の特徴を残している」ものをと七曲に厳選したのは、一九二六年に祭を見にきた柳田国男の指導によってであった。

「新野の盆踊り」では、最終日の八月一六日の夜、踊りが始まる少し前から、「切子灯籠」が櫓の周囲に飾られる。灯籠は、この一年間に亡くなった精霊に捧げられ、盆踊りの依り代になる。新精霊を囲み、新精霊とともに踊るという、盆踊りの最も古い動機がここでは残されているのである。

盆踊りの現代化

首都圏でおこなわれる盆踊り大会で毎年話題になるものには、ほかの地域で親しまれている盆踊りを移植したもの、あるいは娯楽性を強く打ちだしたものが多い。

愛知県東海市の「無音盆踊り」

長野県下伊那郡阿南町の「新野の盆踊り」

東京都墨田区錦糸町《きんしちょう》の首都高速道路の高架下では、「河内《かわち》音頭」が毎年賑やかに踊られている。河内音頭は、江戸時代から大阪の北河内交野《かたの》地区、中河内八尾周辺、南河内で歌われていた土着の音頭に、浄瑠璃や祭文《さいもん》といった民間芸能、仏教の声明《しょうみょう》などが混ざり合い、さらに改良を加えて、大正から昭和の初期に成立した。戦後の一九六一年（昭和三六）、鉄砲光三郎の「民謡鉄砲節」のヒットを契機に、現代河内音頭が誕生。八〇年代には東京への紹介活動が始まり、八二年に渋谷のライヴハウスと、錦糸町の劇場で公演が開催された。九二年頃、錦糸町の河内音頭大会は墨田区の後援となり、いまでは東京の夏を締めくくるイベントとして定着している。

神奈川県横浜市鶴見の總持寺《そうじじ》でおこなわれる盆踊りは、宗教施設が主体的に娯楽性を追求したケースである。二〇一七年で七〇回目を迎える「大本山總持寺み霊祭り　納涼盆踊り花火大会」の盆踊りでは、若い僧侶が「とんちんかんちん一休さん」（歌詞・影山一郎）に合わせて激しく踊り、観衆も一体化して、レイブを思わせるような盛り上がりを見せる。

祭は更新される

全国的に知られる徳島県徳島市の「阿波踊り」でも、数年前から、河川敷や公園でおこなわれる練習の音にたいし、「音がうるさい」「なんとかしてくれ」という苦情が県庁などに寄せられるようになったという。

いっぽう名鉄太田川駅（愛知県東海市）の駅前で開催される「ザ・おおたジャンプフェスティバル」の企画のひとつである「無音盆踊り」は、踊り手たちがイヤホンを装着し、静寂のなかで踊るようすが珍しがられている。

無音盆踊りの誕生は、二〇〇九年（平成二一）にまで遡る。この盆踊りでは、FMラジオから発信される二種類の周波数ごとに、内側と外側に踊りの輪ができ、周りの人びとは、テンポと所作が違う二種類の踊りを同時に見ることになる。しかし「無音盆踊り」にたいするインターネット上の反応は、「どこかのカルト集団?」「東海名物ゾンビ踊り」などと揶揄するようなものが多く、伝統を逸脱していることへの嘆きが目立つ。

青森県三戸《さんのへ》郡新郷《しんごう》村には「キリストの墓」と呼ばれる場所があり、毎年六月の第一日曜日にはキリストの里公園で「キリスト祭」がおこなわれる。一九六四年（昭和三九）から開催されているこの祭では、獅子舞と盆踊りが奉納される。

キリスト祭の盆踊りで踊られる「ナニャドヤラ」は、青森県南部から岩手県北部にかけてと秋田県鹿角《かづの》地方の旧南部藩領内に伝わり、柳田国男の紀行文「清光館哀史」「浜の月夜」でも取りあげられている。柳田は、岩手県九戸《くのへ》郡の小子内《おこない》（現在の洋野町小子内）の浜辺で耳にした盆踊りの歌詞を、「なにヤとやーれ　なにヤとなされのう」と書きとめ、「何なりともせよかし、どうなりとなさるがよい」と、女性が男性に向かって呼びかける意味だと推測した。また岩手県一戸町出身の神学博士川守田英二《かわもりたえいじ》は「キリストの墓」の伝説にからめて、ナニャドヤラの歌詞は、ヘブライ語で民族の進軍歌を意味すると主張した。

土着的な出自から切り離された錦糸町の河内音頭、仏教行事の延長線上にエンターテインメント性を加味した總持寺の盆踊り、外部にお囃子が漏れないように配慮された東海市の無音盆踊り、キリスト祭で踊られるナニャドヤラ。どの盆踊りも、伝統を逸脱しつつも、地域固有の物語を紡ぎだそうとしているようにも見える。

新野の盆踊りでは、八月一七日の明けがた、踊り続けようとする若者たちとそれを押しのけて進もうとする切子灯籠の行列が衝突する。この場面では、宗教以前の素朴な霊魂観と、仏教の合理的な死生観の相克が演じられているのではないか。いつの時代も祭は、伝統と現在がせめぎ合う場所なのである。

Ⅱ

人はなぜ「怪」を見るのか

諸星大二郎論序説

モノと構造

シリーズ「妖怪ハンター」のプロローグで、黒いシルエットの男が、人間に支配された動物の名前を羅列したうえで、次のような認識を吐露する。「しかし……この人間の支配する世界に住んでいるのは　ぼくたち人間や　そんな動物ばかりではありません……」「なにか　他に人間の知らないものが…気がつかないうちにぼくたちの　すぐ　そばに　いるかもしれない……とは思いませんか!?」。男はさらに、空地のゴミ捨て場にいた、真っ黒でじっと動かず、物を食べるわけでもなく、なにをするようすもない、理解不能の「もの」がいたと告白する。そしてこのシリーズの主人公である稗田《ひえだ》礼二郎は、こうした「えたいのしれないもの」を追っている人物だと紹介される。
この導入部には諸星大二郎の作品に通底する重要な世界観や社会観、あるいは民俗学的特質といったものがじゅうぶんすぎるぐらい語られている。この世界は人間と、人間に支配された動物だけから構成されているわけではない。人間も含めた生物学上の生物だけではなく、モノノケや死にきれなかった死者たちが、この世界には存在する。彼らはしかし、私たちと日々共存するという形ではなく、突如として、またなにかのきっかけで異界から現れ、私たちの日常を脅《おびや》かし、恐怖をもたらす。人間は異界から侵入してくるモノに、怯えながら生きていかざるをえないのだ。

「妖怪ハンター」シリーズのひとつ、『魔障ヶ岳——稗田のモノ語り』はまさに、モノをめぐる物語であり、「天狗の秘所」と呼ばれる岩穴に潜むモノが、名づけられることを待っている。しかし形を持たないこのモノは、命名されることにより、その名に応じた性格を得ることになる。

稗田のシリーズが『妖怪ハンター』というように、モノノケは「妖怪」と言いかえることもできる。柳田国男が「妖怪は零落した神である」と指摘したように、こうしたカミもここに含まれる。大鳥町では、町おこしのために捏造《ねつぞう》された大鳥居を「禍《まが》つ神」が往き来する（「闇の客人」）。寒里村で雪深い季節におこなわれる「カムドイ（神訪い）」神事では、若い娘が旧家の離れに籠り、「産女《うぶめ》」の来訪を待つ（「産女が来る夜」）。加美島には旧暦の三月二四日に、安徳天皇の化身とみられる巨大な海蛇「海竜」が出現する（「海竜祭の夜」）。海辺の村・粟木では、元寇の亡霊を「海モッコ」として記憶している（「鏡島」「それは時には少女となりて」）。

モノやモノノケとともに諸星作品の重要な構成員は死者である。「死人帰り」「ヒトニグサ」など未練を残した死者たちは、現世への回帰や現実への復讐の機会をうかがう。こうした生きた人間以外のモノどもを「魔」と呼んでもいいかもしれない。

「魔」が私たちの世界に侵入するとき、「境界」を越えてくる。境界は、洞窟や鳥居といった民俗的・宗教的な場所である場合も少なくないが、テレビやパソコン、携帯電話などがツールになることもある。聖地が抱える通俗性、観光や開発への批判など、諸星の作品には反文明というべき思想が流れる。構造や仕組みに翻弄される人間存在の無力さや、社会の脆弱さが描き出されているのである。

人間と機械、人間と動物の融合

諸星大二郎の作品世界には、人間と動物や植物、人間と妖怪、有機物と無機物が混ざりあったようなものたちがしばしば登場する。また生きているとも、死んでいるともいえないものたちもいる。いちおうは現実を生きていると思しき人間たちが、そうした境界的・中間的な存在によって存在を脅かされるのだ。こうした事態は諸星大二郎の「世界」の特徴とみられる。

しかしここでは、諸星大二郎の「世界」といった言いかたを避けて、諸星大二郎の「社会」と言いかえてみようと思う。「世界」というより、「社会」といったほうが、事態の深刻さが明確になるからだ。

諸星は、最初期作品の『生物都市』（一九七四年）以来、人間と機械、有機物と無機物が溶けあい、融合するような状況を繰り返し描いてきた。諸星が描きだす社会では、モノノケ以外に、こうした現状ではありえない生命体も構成員とみなされてきたのである。

一九八X年、宇宙船「ヘルメス＝3」は木星の衛星イオを調査し、地球に帰還する。イオで不可思議な遺跡と接触したことから、宇宙船の調査員と宇宙船じたいから広がるように、金属類と生物が融合するという不測の事態に陥る。これが『生物都市』で社会がみまわれている状況だ。

東浩紀は、『ゲンロン0　観光客の哲学』（二〇一七年）で、二層構造に陥った世界に適合するイメージとして『生物都市』の一場面を引用している。「各国が独立の人間として表象されるのではなく、むしろ人間としての独立性を失い、ひとつにつながった身体（市民社会）のうえに、ばらばらに顔だけがくっついているような絵」として、『生物都市』の最後に出現する、無数の顔が付着した不定形の怪物を挙げているのである。諸星は現代社会を象徴するイメージを、いまから四〇年以上も前に表現していたことになる。

二〇〇八年の『未来歳時記　バイオの黙示録』は、家畜や農作物の遺伝子操作や改良、バイオ戦争などの影響で、さまざまな生物の遺伝子が混乱してしまった社会が舞台である。登場するのは、野菜と動物、人間と植物の融合、アンドロイド化した案山子《かかし》、お化けのような人間あるいは人間のようなお化け、美しい動物になることをめざす人間たちだ。この社会では、生物の姿形が変形され、合成されてしまい、人間は辛うじて人の形をとどめている。しかし、難民や下層民に位置づけられる人びとは変形が進んでしまっているのである。

しかし、SFのような体裁をとっていても、諸星の作品には、いつも郷愁のようなものが漂う。体験してきた過去とこれから体験するであろう未来という時間軸も、諸星の社会では溶解しているからかもしれない。諸星が描きだすものは、いつも民俗社会ならではの不安に溢れているのだ。

ITと怪異現象

二一世紀の妖怪を探して

妖怪の歴史を、人間社会の時代区分にあてはめて論じることはできないものの、妖怪たちのほとんどの種族は近代以前に誕生していた。彼らが民俗のなかを生き延び、「目前の出来事」「現在の事実」として人びとの前に姿を現したのが、一九一〇年（明治四三）に刊行された柳田国男の『遠野物語』にほかならない。ここに出てくる河童や天狗やザシキワラシの行状は、二〇世紀初めにおける彼らのふるまいだった。

柳田以降の民俗学者は、『遠野物語』をきっかけに妖怪を探しはじめたが、過去のふるまいが掘りおこされるばかりであった。だから、妖怪の現在が突きとめられることは、ほとんどなかったのである。

日本人の伝統的な生活様式が変化し、また

都市からも村里からも闇が失われていくと、妖怪たちの生活基盤も淘汰されていく。妖怪は自然現象の不可思議や、死への恐怖、生活の苦難が生みだす、人間の腑に落ちない感情を糧に生きてきたからである。妖怪の歴史は、人間社会の事情に左右されるのだ。

噂を広める、情報系妖怪「件」

そんななかで一九世紀前半に生まれ、二〇世紀半ばまで活動した妖怪に「件《くだん》」がいる。件は文字どおり半人半牛の姿で、流行病や農作物の豊凶、災害や戦争を予言することが特徴だとされている。幕末には、「今年から大豊作になるが、秋以降には悪疫が流行する」と予言し、件を描いた護符がもてはやされた。また一九世紀末には、「日本はロシアと戦争をする」と予言したこともあったといわれる。

太平洋戦争中、件は空襲や終戦を予言した。また「三日以内に小豆飯かおはぎを食べたものは空襲をまぬかれる」と、戦争から生き延びる方法を指南した。大戦末期から終戦直後には、兵庫県の西宮あたりで牛面人身で和服を着た女の噂が流れたが、彼女が件だったかどうかは定かでない。一九九五年(平成七)に発生した阪神淡路大震災のときにも件が目撃されたといわれるが、この噂は都市伝説の域を出ないだろう。

異様な形態や、あるいは不可視の気配から人間に恐怖をもたらすそれまでの妖怪にたいし、気がかりな噂や伝聞をまき散らして情報を駆使する点で、件は新しいタイプの妖怪だった。

目に見えない凶暴な感情が広まり、共有されていく

二一世紀に入ってから、新しい妖怪が生まれたという噂を聞かない。そのいっぽうで幽霊の目撃情報は、東日本大震災の被災地では少なくなかった。それでも幽霊がこれまでとは異なる立ち居ふるまいをしたわけではなく、生前に親しかった人の夢枕や、街の辻に立つという行状には変化がない。それではこの時代に妖怪を発見するには、いったいどこに行けばよいのだろう。

二一世紀はインターネット情報の時代である。ソーシャルネットワーキングサービス（SNS）の隆盛、スマートフォンの普及も、たかだかこの十年以内の現象だ。また人工知能（AI）をはじめとする新しいテクノロジーも、日常生活に浸透した。人間の暮らしのこうした変化のなかから、新しい妖怪が知らないうちに誕生してきてはいないのか。

SNSやブログは、不特定多数に向けて、ある主体（個人の場合も、企業や公共団体を代表する場合もある）が自己の見解を主張する手段である。ツイッターの「つぶやき」も、独り言のつぶやきではなく、世界へのアピールにほかならない。そして、友人知人に向けたつもりのつぶやきが、小さなきっかけから「炎上」することもある。

本人の意図から離れて、不謹慎だ、差別的だなどと騒がれ、見ず知らずの人びとの前に個性をさらされる。炎上といっても、実際になにかが燃えあがるわけではない。しかし、火の粉を振り払おうとすればするほど、炎は勢いを増していく。いったん炎上すると、インターネット上からその痕跡を消すことも難しい。焼け跡にはいつまでも、検索ワードとして残されるからである。目に見えない集合体による凶暴な感情が、形をもたない実体のように広まり、共有されていくのは、かつての妖怪の成り立ちと、とてもよく似ている。

インターネット上の「炎上」に似た怪異に、琵琶湖の周辺に伝承される「蓑火《みのび》」という怪火現象がある。

旧暦五月の長雨が続く夜、舟で暗い湖を渡ろうとすると、蛍火のような火の玉が蓑の上に現れる。蓑を脱ぎすてると火の玉は消えるが、手で払いのけようとすれば、どんどんその数を増していく。琵琶湖の蓑火は、湖で死んだ人の怨霊の火だとも伝えられる。同様の怪火伝承は日本列島の各地にある。信濃川流域では、雨の日の夜道や船上で、蓑、傘、衣に蛍のような火がまとわりつき、慌てて払おうとすると火はさらに勢いを増し、体じゅうを包みこむ。

インターネット空間に生まれた「炎上」のほうは、民俗学用語で言えば、「口碑」が「石碑」になるような事態である。つぶやきがだれかを刺激し、まがまがしい感情が拡散される。ここまでは口頭伝承、口碑の域だろう。しかし、火中で暴れると事態は悪化するばかりで、ネット社会に刻印されてしまうのだ。「エンジョウ」は怨霊の火がまとわりつくような怪異に似つつも、この時代ならではの民俗現象だといえよう。

妖怪が存立する理由のなかには、腑に落ちない感情や、割り切れない想いを合理化する機能があった。たび重なる災害、貧苦や労苦、身近な人びとの死を乗り越えて感情をコントロールするために、妖怪や怪異が「発見」された。つまり妖怪は、民俗生活の合理化、効率化を図るため、時として現れるのだ。

ＡＩも、人間の暮らしを効率的に捗らせるため、利便性を目的に、人間が「発明」したものである。こうしたＡＩやＡＩを搭載した機器が、やがて人間生活を脅かす妖怪になっていくかもしれない。これは私の未来予測なのだけれど、その兆候はまだ捉えられていない。しかし、これから紹介する事例は、新しい技術が生みだした二一世紀の妖怪、怪異とみなすことはできないだろうか。

二〇一八年の三月頃、ＡＩアシスタント「アレクサ（Alexa）」を搭載した「アマゾン・エコー

（Amazon Echo）」のデバイスをめぐり、怪異現象が起こっていると話題になった。

アレクサは、ユーザーが声をかけて指示すると、音楽の再生、天気やニュースの読みあげ、アラームの設定などをしてくれる、忠実な人工知能である。そんなＡＩアシスタントがなんの前触れもなく、ふだんとは違う甲高い女性の声で笑いはじめるという現象が、ＳＮＳにいくつも投稿されたのだ。アレクサの怪異ではほかに、近くにある葬儀場や墓地のリストアップを始めるという奇妙な現象の報告もあったそうである。こうした事態はＡＩの「バグ」によるもので、短期間のうちに解決をみている。「獏《ばく》」は人間の夢を食べて生きる妖獣だったが、ＡＩのバグの、予測を超えた行動も厄介なものである。

お掃除ＡＩロボット「ルンバ」をめぐる現象も、受け手の想像力を刺激する点で今日的である。

くるくると回って室内を清掃するしぐさ、家人がいないあいだでも目的を果たしてくれるけなげさから、ルンバは機械や道具というより、ペットや家族のような愛情を注がれている。そんなルンバが玄関を飛びだしてしまい、路上をうろついている状況を、「家出」「脱走」などと呼ぶ。ネット上では、迷子になったお掃除ロボットを、飼い主が捜すようすがときおり公開され、人びとを和ませることもある。

日本の古典的な妖怪「付喪神《つくもがみ》」は、長年使ってきた道具や器具を粗末に扱うと、霊を宿した存在としてふるまうものである。もしかすると、アレクサやルンバにも霊が宿り、なにかを訴えようとしているのだろうか。人間と競い合うＡＩの知能や、ＡＩならではのバグが、これから先想像もしない怪異現象を生みだし、妖怪化する可能性は決して低くない。

人と人をつなぐ、目に見えない綱「キズナ」

「ヴァーチャル・ユーチューバー（VTuber）」もネット上で活動する奇妙な存在である。人間が演じるユーチューバーと違って、VTuberは、声をあてる「中の人」の動きをモーションキャプチャで受けとり、そのデータを３Ｄモデルのキャラクター（アバター）にあてて動かすものである。代表的なVTuberは「ミライアカリ」「輝夜月」「バーチャルのじゃロリ狐娘YouTuberおじさん（ねこます）」、そしてなによりも「キズナアイ（Kizuna AI）」である。

キズナアイは「世界初のヴァーチャル・ユーチューバー」を自称し、また「インテリジェントなスーパーＡＩ」を自任しているが、もちろんＡＩではない。VTuberの代名詞ともなっている彼女は、二つのユーチューブチャンネルを運用し、登録者数は一七〇万人を超えているという。

私などはキズナアイという名前から、信州をはじめとする東日本に伝承される「飯綱《いずな》」を思いおこす。「管狐《くだぎつね》」とも呼ばれるこの妖獣は、竹筒のなかに入ってしまうほどの大きさだといわれる。飯綱使いはイズナを使って占いをしたり、依頼に応えてイズナを飛ばし、人に憑いたり、病気にしたりすると信じられている。

いっぽう、キズナアイのキズナは、「絆」という言葉からきているにちがいない。絆といえば、二〇一一年の東日本大震災以降、人と人が心を合わせる言葉として頻繁に用いられてきた。しかしほんらいは、馬や犬や鷹などを木につなぎとめるための綱のことで、それが、いまでは断ち切ることができない、人と人の結びつきを指すようになっているのである。目に見えないこの綱は、無言の強制力を備えて、メディアでもネットでも、大いに汎用されている。絆という言葉を用いることで、社会参加への強制が図られてきたのである。VTuberが自分の名前にしたように、情報技術の時代をかけめぐる「キズナ」は、「イズナ」以上に活動の幅が広く、大きな影響力をもつのだ。

これまで見てきたところでは、二一世紀の妖怪を「発見」できたとは言えないが、だれかがどこかで新しい妖怪を発明し、社会に解き放つ準備をしているかもしれない。そして、情報化社会に出現した妖怪たちは、人間を使役していくのではないかと恐れを抱いているところである。

VTuberは人形浄瑠璃と似ているか？

ぎこちない動きが心を揺さぶる

ヴァーチャル・ユーチューバー（VTuber）について民俗学の視点から考えると、どんなことが発見できるだろう。まずVTuberの大きな特徴は、その動きが2Dのアニメーションより、ややぎこちない感じを与えることである。スムーズなアニメーションだったとしたら、ここまでのムーブメントになっていなかったのではないか。VTuberのぎこちない動きに私は、古くから日本人に親しまれてきた人形芝居を思いおこすのである。

日本の芸能のなかで、最も古いとされているのは、人形を使って芝居する傀儡《くぐつ》である。日本では古来、人形に何かを演じさせたり、表現させたりすることを好んできた歴史がある。その最たるものが人形浄瑠璃だ。

人形を使って喜怒哀楽の感情を表すのは、ある意味人間が演じるよりも高度なテクニックがいる。ストーリーを伝えるだけなら、実際の人間が演じたほうがリアルで感情移入もしやすいにもかかわらず、なぜ人形浄瑠璃が歌舞伎に匹敵するくらい人気を集め、現代に連綿と受け継がれているのか。それは、人間が演じる生々しさ以上に、人形が表現する喜怒哀楽のほうが民衆の心に深く突き刺さったからではないか。

VTuberの裏側にも、アバターを動かしている人がいる。そこが伝統的な人形浄瑠璃に通ずる部分だ。人形が袖を濡らして悲しむ仕草のほうが、人間が悲しむ演技をするより心に訴えかけるのである。

社会との絶妙なバランス

YouTuberもVTuberもストーリー性はないのにたいし、人形浄瑠璃のほうは、当時の上方における庶民の関心事だった、心中ものなどが物語として人気を博した。しかし、現代人の関心事はVTuberやYouTuberが紹介する、流行商品やサービスなどではないか。視聴者の興味があることを扱っているという点では、ストーリーはなくても人形浄瑠璃の心中ものと本質的な部分で大差はない。VTuberの人気の秘密は、三面記事的な語りを人間やアニメではなく、人形にさせるという古典的な部分と、3DCGのモデルやYouTubeでの配信、最先端のテクノロジーがうまく合致した結果かもしれない。実際の事件を扱った場合には、生々しさがにじみ出る。その点、VTuberが扱う素材は、現実と演出のバランスが絶妙で、ポジティブな意見と深すぎないコンテンツを生みだしている。

マジョリティへの反発や、社会にたいする閉塞感を感じている人も少なくない。また、マイナーに偏した趣味嗜好に拒否反応を示す人もいる。コアでディープな情報を発信するのは、危険だと捉えられてしまうからといって避けるのが賢明だ。こうした状況においてVTuberは、アバターという没個性の人型が演じているせいか、熱すぎも冷たすぎもしないのだ。そこに人形浄瑠璃に相通じる、そこはかとない悲しみが加味されている。

見たこともないような技術やメディアが現れたとき、私たちはそれを全く新しいものだと感じてしまう。また提供する側も、いままでになかったものだと喧伝する。しかし、近代以降――あるいは近世以降というスパンでも――新しい技術やメディアを発明することは容易ではないのだ。ある程度以上の「マス」を対象にするとき、都市化と大衆化が出現してからは、新発明は見かけ上のものでしかありえない。しかもそのうえ忘れられがちなのは、民俗的な感情のありようの変わらなさである。さまざまな領域における近代化により、人びとの感覚は変容したといわれ、インターネットの隆盛は、さらに変容を増大させたかのように言われる。しかし、受け手である私たちの感情は民俗的社会、手が届く範囲の共同体に暮らしていたころと大して変わっていないのではないか。

VTuberにたいする共感は、人形芝居を愛し、人型をしたものを神の依り代として祀った人びとの素朴でしなやかの感性を思い出させてくれるからだと思うのだ。VTuberは、けなげで懐かしい民俗技術の現在形なのである。

江戸時代から続く「日本人のVR羨望」

ツイッターから話題になった江戸の奇談

江戸時代後期に書かれた『仙境異聞』（一八二二年・文政五年）という本が話題になっている。しかもそのきっかけは、「『江戸時代に天狗に攫《さら》われて帰ってきた子供のしゃべったことをまとめた記録』がめちゃ面白い」というツイッター上のつぶやきだったのだ。

国学者の平田篤胤《あつたね》がまとめたこの書物は、同じく篤胤の『勝五郎再生記聞』と併せて岩波文庫に入っている。しかし、ツイッターで大反響を巻き起こしていたとき、この文庫本は品切れしていた。そこで発行元の岩波書店は、帯を一新して緊急重版したのだが、そのキャッチコピーは、「Twitterで話題沸騰!! 天狗にさらわれた子どもの証言!?」という老舗出版社としては異例のものだった。

『仙境異聞』は異界探訪譚の古典として、民俗学の視点からも刺激的な書物である。SNSが話題の発端になったというだけでなく、内容そのものに現代のヴァーチャル・リアリティをめぐる諸問題との接点を読みとることができそうなのである。

超常世界と超能力への関心

江戸時代の文政年間、「仙童寅吉」あるいは「天狗小僧寅吉」と呼ばれる一五歳の少年が、江戸の町を騒がせた。天狗（山人・仙人）にさらわれて、この世と異なる世界（仙界）で暮らした寅吉は、超能力を身につけて帰ってきたからである。

「仙童寅吉」をめぐる事件は、二つの側面から読み解くことができるだろう。ひとつは、寅吉が超能力によって訪れた異界のようすであり、もうひとつは寅吉に示した知識人たちの関心のありようだ。寅吉が見てきた世界は、この世とは異質で超常的な世界であり、寅吉が体得した超能力は、現実を超えでる技術や感覚だった。現代にあてはめると、ヴァーチャル・リアリティをめぐる技術開発と、感覚変容にたいする関心に近いのではないだろうか。

ヴァーチャル・リアリティは、日本では一般的に、「コンピューターを用いて人工的な環境を作りだし、あたかもそこにいるかのように感じさせること」「コンピューター技術や電子ネットワークによってつくられる仮想的な環境から受ける、さまざまな感覚の疑似的体験」などと説明される。

たとえば、アーネスト・クラインのSF小説を原作に、スティーヴン・スピルバーグが監督した『レディ・プレイヤー1』（二〇一八年）は、環境汚染や気候変動、貧富の格差の拡大などにより荒廃した二〇四五年の地球が舞台で、仮想の世界「OASIS（オアシス）」に逃避し、理想の人生を楽しむことが人びとの希望になっている。この「OASIS」における体験などは、ヴァーチャル・リアリティをイメージする際の好例だろう。

ヴァーチャル・リアリティの「ヴァーチャル」については、「仮想」や「虚構」、あるいは「擬似」と訳されることが多いが、これらの訳語はあまり適切ではないといわれる。ヴァーチャル・リアリティにかんする初期の研究者によると、ヴァーチャルとは「みかけや形は原物そのものではないが、本質的あるいは効果としては現実であり原物であること」で、それじたいがヴァーチャル・リアリティの定義だといっている。

もうひとつの現実そのものである異世界は、どのように創出され、どのように体験することができるのか。ヴァーチャル・リアリティ研究者たちの関心はこのように言いかえることができる。しかし、こうした探究心を抱いていたのは、現代の彼らだけではなかったのだ。

異界を体験し、超能力を身につけた少年

『仙境異聞』を手に取ったことのない読者のために、仙童寅吉物語のあらましを紹介しておこう。

寅吉が七歳のとき、上野池之端《いけのはた》の神社の境内で遊んでいたところ、薬売りの老人が小さな壺に薬を入れ、自分自身もそこに入りどこかへ飛び去った。仰天した寅吉が、また別の日に神社に出向くと、老人から「一緒にこの壺に入らないか」と誘われた。寅吉は老人とともに壺に入ると、常陸国《ひたちのくに》（現在の茨城県）の南台丈《なんたいだけ》という山に連れていかれた。寅吉は老人と一緒に各地を飛びまわり、常陸の岩間山（愛宕山）で修行しながら、祈禱術や占術、薬の製造法といった異能を伝授されていく。寅吉は岩間山にずっといたわけではなく、江戸とのあいだを往復していたのだが、世間では天狗に仙界へさらわれたとみなされていたのである。

この世とは異なる世界から帰還した少年に、江戸の町は沸き立つ。寅吉は、山崎美成《よししげ》が珍

談・奇談の会を開いていた薬商の長崎屋で暮らすようになる。そこに集った当代の知識人たちは、寅吉が異界で体験してきたことと、身につけてきた超能力について質問を放っていくのである。

寅吉の不思議な体験と特殊な能力に、最も関心を寄せたのは、『仙境異聞』をまとめた平田篤胤だった。篤胤は本居宣長《もとおりのりなが》に師事し、最初の著書『新鬼神論』では、神、鬼神の普遍的存在を証明しようとした。また『霊能真柱《たまのまはしら》』では、「霊」が死後に「幽冥」へ行くことを証明するため、古伝説によって宇宙の生成を説いている。寅吉にたいする篤胤の質問の目的は、「こちらの世界」（顕界）とともに世界を構成する「あちらの世界」（幽界）の実在を証明することだったのである。

宇宙体験の真実

寅吉にたいする質問者のなかには、当時の先端的科学者やテクノロジーに精通した人物たちもいた。

佐藤信淵《のぶひろ》は、蘭学の素養をもとに、農政、物産、海防から天文、兵学、暦算測量についてまで多くの論説を発表した博学の知識人だった。国友能当《よしまさ》は、鉄砲鍛冶の技術を継承するほか、「気砲」と呼ばれる蓄気ボンベ式の高性能空気銃や反射望遠鏡を開発し、反射望遠鏡では太陽の黒点を観測した。

彼らの関心に応えた寅吉の体験のなかでは、天体にかんする見聞がとくに興味深い。寅吉は空高く飛翔し、大気圏外の宇宙で、地球、星、月、太陽を観てきたからである。

たとえば「星のあるところまで行ったなら、月のようすも見たのか？」という質問にたいして、寅吉は次のように答えている。

「月は近くに寄るほどどんどん大きくなり、身を刺すように寒さが厳しく、無理して二〇〇メートルぐらいまで近寄ってみると、思った以上に暖かだった。(地上から)光って見えるところは、国土(地球)の海のようで、泥交じりのように見える。俗に『兎が餅を搗《つ》いている』と言われるところには、二つ三つ、穴が開いている。しかし離れたところから見たため、正体はわからない」。

寅吉のこうした答えに、平田篤胤が突っこむ。「月の光っているところは、国土の海のようだと言うのは、西洋人が考える説からしても、そのとおりに感じる。しかし、兎が餅を搗いているように見えるところに、穴が開いているというのは理解できない。あそこはこの国土の山岳のようだと聞いているのだが……」。

すると寅吉は笑って、「あなたの説は書物に書いてあることをもとに述べているのだろうが、間違っている。私は書物を知らないが、近くで見て話しているのだ。師匠も山岳であると言っていたが、近寄って見ると間違いなく穴が二つ三つあり、その穴から月の後ろ側にある星が見えたのだ。だから穴があることは疑いえない」と断言する。

寅吉の月面観測は、超能力のたまものであり、実体験に違いない。仙童としての確信をもとに証言しているのだ。

テクノロジーの開発と感覚の拡張

ヴァーチャル・リアリティについて、人間が捉えている世界が人間の感覚器を介して脳に投影した現実世界の写像なら、人間の認識する世界はすべて人間の感覚器によるヴァーチャルな世界だ、と唱える研究者もいる。つまり、目や耳といった感覚器を通してしか理解することができないのは、私たちが生きているこの「現実」世界も例外ではなく、その意味では、この世界もヴァーチャル・リアリティのひとつでしかないというのだ。言いかえれば、ヴァーチャル・リアリティの研究とは、私たちにとっての新たな「現実」を生みだす探求なのだということになる。

『仙境異聞』に登場する知識人たちは、西洋科学の最新知識も豊富だった。しかし、彼らの質問にこたえた寅吉の体験談はあまりにもリアルで、虚言や捏造だと言うべきではないだろう。彼の感覚器をとおした「ヴァーチャル」な世界なのだから。

人間は科学技術を進展させ、このヴァーチャルな世界を拡大してきた。少年寅吉は仙界で空を飛ぶ能力を身につけ、やがては宇宙に飛び出て天体を観測してきた。新たな現実を生みだす技術と感覚を追求したのは、ヴァーチャル・リアリティの研究者だけではない。江戸時代の人びとも、そんな世界と技術に夢中になっていたのである。

アイボの慰霊とザギトワへのご褒美

ペットロボットの献体とお葬式

ソニーのイヌ型ロボット「ＡＩＢＯ（アイボ）」の最新モデルが二〇一八年（平成三〇）の一月に発売され、話題を振りまいた。

一二年ぶりに復活した新型「ａｉｂｏ」は、近年の技術革新を活かして、人工知能（ＡＩ）とネットワーク機能を搭載したことを大きくアピールした。いっぽうでソニーの事業責任者が新型発表会見で、旧型アイボの修理を再開しないと明言したことが波紋を広げた。一九九九年から二〇〇六年までに、約一五万台が販売されたアイボのサポート期間は約七年間で、二〇一四年に終了していたのである。

ソニーの元技術者で、旧型アイボの修理を独自に手がけるビンテージ家電修理会社の社長は、「アイボには、魂が入っている。『部品がないので買い替えてください』とはいかない」と述べる。この会社が修理したアイボは約二〇〇〇体にのぼり、修理には部品を再利用する献体が不可欠で、これまで約三〇〇台の寄贈を受けてきた。献体に報いるようにと、二〇一五年からこの会社で魂を抜くためにおこなっているのが、部品を取りだす前にお経をあげて供養する「アイボ葬」である。

五回目となった二〇一七年六月の「お葬式」では、コミュニケーションロボットの「PALRO（パルロ）」が司会進行役を務めた。約一〇〇台のアイボが祭壇に並べられ、住職が読経したあと、パルロは「いまもその姿や笑顔が鮮やかに浮かんできます」などと述べ、袈裟《けさ》をまとったアイボ二台も仲間たちのためにお題目を唱えたという。アイボの献体とお葬式には、この犬型ロボットが紛うことなきペットとみなされ、その死にたいして慰霊の必要性を認める、日本人の民俗的霊魂観が反映されているのである。

日本人はどんなふうに動物を供養してきたか

日本の民俗社会では、動物にたいする供養が丁重におこなわれてきた歴史がある。人びとは生活を営むうえで、食糧や労働力としてさまざまな生物の命を奪う。こうした動物の霊を慰めるため、あるいは祟りをおそれて、塚や石塔を築いて彼らを祀ってきたのだ。その対象は、犬・猫・牛・馬・猪・鹿・熊・猿から、鯨・魚・亀、さらには蚕などにまでおよんだ。

なかでも、農耕や運搬など重要な仕事を果たしてきた牛や馬の供養は、観音信仰と結びつき、観音石像や文字碑を道や辻に建てる風習が生まれた。また関東地方の東部では、犬がお産で死ぬと既婚の女性が集まり、Y字形をした「犬卒塔婆《いぬそとば》」を三叉路に立てる「犬供養」がおこなわれてきた。

このような民間信仰とは別に、都市化が進展した近世の江戸では、両国の回向院《えこういん》に裕福な町人の手で犬や猫の供養塔が建立された。現代では一九四〇年代後半に、寺院が犬や猫の葬儀・火葬・納骨・供養を引きうける事業が始まり、やがて宗教法人以外にも広まり、ペットの葬祭事業が日本の各地に展開していくことになる。空前のペットブームを経た現在には、全国で数百もの動物霊園・動物葬祭社が存在するといわれている。

アリーナ・ザギトワと日本の忠犬

「あのような忠実な友達が欲しい。一緒に散歩しても何も怖がらずに済む。私を守ってくれる」。この発言の主は、平昌《ピョンチャン》五輪フィギュアスケート女子で金メダルを獲得したアリーナ・ザギトワである。

五輪の直前まで調整のため新潟に滞在したザギトワは、雑誌で見つけた秋田犬の写真を気に入り、母親に飼いたいと伝えたところ、「五輪でいい演技をしたら考える」という答えをもらったという。見事な演技で金メダルを獲得したザギトワにたいし、「公益社団法人秋田犬保存会」（秋田県大館市）は、メスの子犬をプレゼントすることを決めた。

ザギトワが秋田犬をねだったいちばんの理由は、その「忠実さ」にあった。ロシアでは、リチャード・ギアの主演で忠犬ハチ公を描いたアメリカ映画『ＨＡＣＨＩ　約束の犬』（二〇〇九年）が公開されて以来、秋田犬は人気が高い。秋田犬はこれまでにも、ヘレン・ケラーやプーチン大統領に贈呈されてきた。

犬を神に祀る神社

しかし、ザギトワが秋田犬を育てることができるのか、一抹の不安がつきまとう。もしできることなら、ザギトワには日本における犬の民俗や、犬信仰についても知ってもらいたいものだと思うのだ。日本で犬は人間と他界の境界にいる存在で、犬自身も二つの世界を行き来する。また二つの世界を往来するものを助けるいっぽうで、往来を妨げる能力をもつ両義的な動物だった。

犬にたいする信仰では、忠犬を祭神に祀る神社がある。愛知県岡崎市の「糟目犬頭神社《かすめけんとう》」の珍しい社号は、次のような伝承に由来するものだ。

鎌倉から南北朝時代、このあたりの城主だった宇都宮泰藤《うつのみややすふじ》が、この神社の近くで鷹狩をし、境内の大杉の下で休憩していた。ところが大杉の上から大蛇が鎌首をもたげ、泰藤を襲おうとした。連れてきた白犬が、泰藤に知らせようと吠えつづけたが、眠っていた泰藤は犬がなんども吠えることに腹を立て、首をはねてしまった。すると犬の首は飛びあがり、大蛇の喉に噛みついて泰藤の命を救った。泰藤は犬に感謝し、その頭を手厚く葬って、「犬頭霊神」として神社の祭神に祀った。

この白犬は秋田犬ではなかったと思われるが、ロシア人の少女がハチ公にまさるこんな犬の話を聞いたら、いったいどんな顔をするだろう。

ＡＩの墓場はどこにあるか

ところで、ソニーは新型アイボに、「犬の個性を死なせない」仕組みを取りいれたそうである。

アイボをインターネットと常時接続することで、飼い主とのコミュニケーションを蓄積、学習させて、クラウド上に個体の個性を記録する。すると買い替えてもその犬の個性を新しい機種に移すことができる。つまりアイボの体が失われても「魂」は継承されるのだ。

ＡＩの死、あるいはＡＩの魂について考えながら、ある事件を思い浮かべた。ＡＩアシスタント「Alexa（アレクサ）」を搭載した「Amazon Echo（アマゾン・エコー）」のデバイスが、前触れもなく近くにある墓地や葬儀場を、突然リストアップしはじめたというものである。

呼びかけてもいないのに、死後の慰霊についてＡＩアシスタントが語りだす……。彼らは飼い主、持ち主が気にしてくれない、自分の慰霊や供養について思いをめぐらせていたのかもしれない。そしてアイボもまた、神に祀られる日は近いのではないだろうか。

あなたは飴《あめ》屋《や》法《のり》水《みず》の『何処からの手紙』を見逃すべきではなかった

郵便局から届いた「物語」

二〇一六年（平成二八）の九月一七日から一一月二〇日まで、茨城県の北部地域を舞台にした「KENPOKU ART 2016 茨城県北芸術祭」が開催された。

現代を代表する数多くの美術家が参加したなか、異色ともいえる取り組みでこの「県北」に参入していたのは、飴屋法水の作品『何処からの手紙』だった。飴屋はおもに「演出家」という肩書で活動しているが、芸術祭の開催エリアのどこかで舞台を演出したわけではない。

七つの物語で構成された『何処からの手紙』を観にいくには、まず飴屋が指定した茨城県内にある四つの郵便局にハガキを出す必要がある（四局のすべてか一部かは参加者の自由）。少しすると郵便局から封書が届く。そのなかには掌編小説を思わせるような物語が書かれたテキスト、鉄道駅から目的地までの地図、作品にアクセスするための交通手段、目的地とその周辺らしき場所の写真を印刷した絵葉書が入っている。

宛名を書き、ハガキをポストに投函するところから、作品へのアプローチがすでに始まっているのだ。もしかすると私たちは、飴屋が演出した舞台に立つため県北に出かけていくのかもしれない。到着した観客のつもりの人びとは、現地でなにものかと言葉を交わす。すると、いつのまにか自分が物語のなかにいることに気づくのだ。

語りだす「木」や「神様」

上小川郵便局から届いた手紙には、ＪＲ水郡《すいぐん》線の上小川駅付近をめぐる二篇の物語が封入されている。

「わたしは木です」

と語りだすのは、久慈川の河原に立つ一本の木で、この物語は「自分を枯らす木」と題されている。この木はかつて発生した久慈川の氾濫で、ここまで流れついた一本の枝だったが、気がついたら根を下ろしていたらしい。

二〇一一年の九月二一日にも台風一五号による氾濫があり、その数か月前の三月には、「台風より悪い風」が吹いた。その風はつくばのあたりを通り抜けたようで、「笠井さん」は、木が枝を折って自らを枯らすことや、つくばの木が叫び声をあげていることを語る。

笠井さんの話し相手は日立にある日鉱鉱山について、日鉱の社長が「公害はニンゲンの原罪だ。背負わなければならないと」と言ったという話をする。

「自分を枯らす木は、次の台風を待っている。そしてこの木の枝は、次の増水でまた遠くに流され、その先で根を下ろすだろう」

上小川郵便局から届く、もうひとつの「ピンクと緑のホワイトプリン」という物語で、

「いろんな味があって、ひとつひとつ手作りなんですよ」

と語るのは、久慈川の河畔でキャンプ場を経営する女性である。このキャンプ場は女性の祖父がつくったもので、開業して五〇年になる。しかしここも、一九八六年（昭和六一）の台風十号と二〇一一年九月の台風で大きな被害を受けた。

「本当に、なんでつらい目にあっても、わたしはここから離れないんでしょう。津波だってそうでしょうけれど、大昔から、何度もこの川は氾濫して、人もたくさん死んだと思うんですよ、

「自分を枯らす木」

「薄くなった神様」

昔はね」

こうした女性の声を分断するように、「おれは河だ」、「おれは電気だ」とニンゲン以外のものたちが語り出す。バーベキュー場におかれたたくさんの木の椅子は、小学校の教室にありそうなものだった。この芸術祭では、廃校の校舎を展示施設として利用したところが、いくつもあることを思い浮かべる。

水郡線の鉄橋を電車が渡っていくのが「銀河鉄道999みたい」で、このキャンプ場の自慢らしいが、滞在した一時間のあいだには一本の電車も現れなかった。

上小川郵便局の南方、大宮玉川郵便局からは「薄くなった神様」という物語が届く。田んぼのあぜ道を抜けたところにある「八田雷神山横穴墓群」の登り口には、キャンプ場にあったのとよく似た木の椅子が、三脚並んで待ちかまえている。造られたのが七世紀とも、八世紀や九世紀ともいわれる横穴群の脇にある山道を登りきると、朽ちさびた祠《ほこら》がある。そこに祀られているものは、カマドウマに齧《かじ》られながら、

「わたしは、神様と、呼ばれている。見えますか？　見えないかもしれません」

とつぶやく。祠が建つ境内にも、木の椅子が一脚おかれている。

四日に一度玉川村駅の駅員を務める「長《ちょう》」というニンゲンは、子どものころ横穴の中で遊んでいたらしい。祠の神様とも言葉を交わすが、神様を信仰したり、尊敬しているようにはみえ

ない。

「いとおごそか」な神

日立会瀬《おうせ》郵便局からの手紙にも二篇の物語が封入されている。

そのうち「崖を降りて見えるもの」に行くための地図は、ＪＲ常磐線日立駅の東側の、崖下に降りていくことを指示する。日立駅の太平洋を望むガラス張りカフェには、なんどか入ったことがある。そのたびにサーファーがいるのを気にしたことはあっても、崖下に降りようとしたことはなかった。そういえば一一年の三月に「悪い風」が吹いたあと、茨城や外房の海からサーファーの姿が消え、しばらくすると戻ってきたことを思いだす。

このテキストでは、これまで以上にさまざまなものが語りだす。距離、避難階段、アジサイ、囲い、メスの柴犬のモモちゃん、ハーレー・ダヴィッドソン、そしてニンゲンの静《しずか》。静は、家の下を通る人にベランダから呼びかけ、人に「ほどこす」ことを生き甲斐にしている。私も、「お茶でもどう。里芋も炊けているわ」

と声を掛けられたけれど、先を急いだ。

日立会瀬郵便局から届くもうひとつのテキスト、「日鉱の鉱山　本山跡地」の目的地は、日立駅から西に向かった山腹にある。そこには、「日鉱記念館」（ここにも芸術祭の作品が展示されている）という施設が建つ。

「おれは、掘っている。穴の中で。掘っている」

と語るのは、日鉱記念館の採掘人形だろうか。日立製作所や、日産自動車を生みだした日本産業コンツェルンがこの鉱山から始まったこと、日鉱の社長が、赤松が枯れて禿げ山になった山に大島桜を植えたことをこの男は誇りにしている。

日鉱記念館をさらに登っていくと、やはり芸術祭の展示会場になっている御岩神社がある。この神社が鎮座する御岩山は、近年、パワースポットとして人気を集めているが、『常陸国風土記』には「賀毗禮《かびれ》の高峰」として出てくる。

風土記によると、かつては人家に近い松の木の上にいたここの神は、その「祟り、いと厳《おごそ》か」なものだった。神がいる方角を向いて大小便をすると災いをもたらし、病にいたらせるので、近くに住む人びとはとても苦しみ、そのありさまを朝廷に訴えた。そこで神様には、賀毗禮の高峰の頂に移ってもらうことになったという。

「崖を降りて見えるもの」

「イヤホーンの中のプロスト」

無数のなかの、わずかのひとつ

常陸太田下大門郵便局からも二篇の物語が届く。

「駅前のカンタ」の語り手は、

「アニョハセヨー！」

と呼びかける。カンタは常陸太田駅駅前の火事の焼け跡の二軒隣り、サウナの壁に貼られたポスターのなかの韓国人歌手Kangtaである。カンタは、二〇〇七年に昭和女子大学人見記念講堂での公演が、あまり盛りあがらなかったことをいまでも悔やんでいる。そしてその後に兵役に就いたこと、ポスターの自分といまの自分が違うことなどを主張する。

そこから常陸太田市の中心部、鯨ヶ丘商店街にある次の目的地に向かう。『常陸国風土記』は鯨ヶ丘について、「古老の曰へらく、郡《こほり》より南《みなみ》、近く小さき丘あり。体、鯨鯢《くじら》に似たり。倭《やまと》武《たける》の天皇《すめらみこと》、よりて久慈《くじ》と名づけたまひき」と地名の由来を語る。

「イヤホーンの中のプロスト」は、商店街から少し入ったところにある旅館「若柳」が舞台である。十年程前から営業を休止しているこの木造旅館は、一見二階建てに見えるが、丘の上から入る入口がじつは三階で、実際は四階建ての建物である。

「中に入って、窓の外を見ればわかるように、若柳はこの『鯨が丘』の、鯨の脇腹……。つまり常陸太田が一望できる、崖の斜面に立っている」

最も奥まった客室は地震で歪んでおり、旅館そのものが大津波で流されてきたかのようだ。この作品は、旅館を切り盛りしてきた女将《おかみ》さんの息子で、アラン・プロストを神様のように崇拝し、数千本におよぶレースビデオをコレクションしてきたフォーミュラカー・レーサーをめぐる痛切な物語である。

大広間に据えたテレビからは、レーシングカーの甲高い爆音と、ガゼボの「雨音はショパンの調べ」が流れる。一九八四年に大ヒットしたこの曲には、小林麻美による日本語ヴァージョンもあったが、そのミュージックビデオは、アンドレイ・タルコフスキーの映画『ノスタルジア』（一九八三年）から、明らかな引用がなされていたことを思いだす。

当の女将は、

「無数のなかの、わずかのひとつが、ここにあるという、それだけのことですけれど」

と言う。

ニンゲンがつくった神様

『何処からの手紙』の制作に至るまでのプロセスは、民俗学や人類学のフィールドワークの手法におそらく近いものだったろう。リサーチや聞き取りにもとづいて、風土や産業の本質に近づいていこうとしたのではないか。しかも飴屋は、茨城県北で「神」や「災害」といった民俗学の重要なテーマに引き寄せられている。さらに『何処からの手紙』には、神様と、ニンゲンではないものと、ニンゲンが登場する。

すべての「声」を聴くこと。この社会が、人間だけで構成されているものではないということは、民俗学の最も重要な問題提起だったはずだ。しかも飴屋は人間を、「ニンゲン」と表記する。

『何処からの手紙』は、美術、演劇、映画、文学のどれにも似ていないし、既存の芸術領域のどこにも属さない。宙ぶらりんかつ曖昧で、頭や心とは違う場所を刺激する。また既視感やなつかしさといった感情と、どこか似ているようで、ずっと遠い。その境界性や無領域性は茨城県と似ている気がする。古代の常陸国は、統合も分割もされぬまま近代になると茨城県を形成し、つねに関東と東北の境目に位置してきたのだ。

東日本大震災の被災地のなかで、大きな被害があったにもかかわらず、茨城県は東北ではないという理由からないがしろにされてきた。この作品に響くさまざまな「声」が、そうした常陸国、茨城県が発した「声」だというのは、素朴すぎるだろうか。

「あなたは、再びここを訪れるだろうか。わたしはどうやら神様なので、それを当てられなければ、いけないらしい」

と薄くなった神様は言った。

「ああ、忘れてました。神様は、それがどんな神様でも、ニンゲンがつくったものでしたっけ」

と旅館「若柳」の女将は言った。

東日本大震災以降の、気持ちの落ち着かなさやおさまりの悪さ、もやもやした感情といったものを、これほどに表した「作品」は、ほかに見たことがなかった。震災は決して終息したり、収束したりしていない。いつまでも震えつづけ、水浸しになったままの場所に、飴屋は私たちを導いたのだ。そうしてこの作品を観たものたちは、これからもずっと、もやもやしつづけることを許されるのである。

「まれびと」としての写真家

齋藤陽道《はるみち》展「なにものか」

齋藤陽道の写真展を初めて観たのは、アーツ千代田3331の二階にあるエイブルアートギャラリーで開催された「絶対」展だった。二〇一一年の夏のことである。逆光に向きあうように撮影されたポートレートの数々に、私は静かな衝撃を受けた。写真に充溢する「眩しさ」は、被写体の偉大さを称えているようだった。いっぽうで、写真家が聴覚に障がいを持つことが頭にあり、他者とのコミュニケーションにつきまとう、普遍的な困難さみたいなものについても考えさせられた。同じ年の一一月には写真集『感動』が刊行され、西麻布の赤々舎ギャラリーや浅草浪花家で写真展があった。

　齋藤の写真展で最も印象深いのは二〇一三年の五月から六月にかけて、青山ゼロセンターで開催された「せかいさがし」展である。会場となったスペースは、当時、「新政府」の総理大臣を名乗っていた坂口恭平が、古い民家を改装し、ライブやイベントを開くために設けたところだった。齋藤の写真群は、年季が入った家屋のなかで息づき、観客が立ち去ったあとも、妖怪や精霊のように動きまわっているのではないかと思われた。さらにその年の一一月から翌年の三月には、ゼロセンターの近くにあるワタリウム美術館で、初の大規模な個展「宝箱」が開催された。そして今回の「なにものか」は、「絶対」展と同じ、アーツ千代田3331の一階にある3331ギャラリーでおこなわれた。私の齋藤陽道写真展巡礼は、ちょうど一巡したということになる。

＊

　この展覧会はアール・ブリュット（障がい者による芸術表現）の意味を問いかける展覧会「TURN／陸から海へ（ひとがはじめからもっている力）」の関連企画で、齋藤は、みずのき美術館（京都府亀岡市）、鞆の津ミュージアム（広島県福山市）、はじまりの美術館（福島県耶麻《やま》郡猪苗代《いなわしろ》町）、藁工ミュージアム（高知県高知市）を訪ねあるき、その施設と、そこにいる人びとを写真に収めたのである。

このプロジェクトを進めるにあたり、齋藤は「なにものか」を媒介にすることで実現しようとした。彼が手作りしたり、共同制作したり、あるいはすでにそこにあった四人（？）の「なにものか」たちは、日本風やアラブ風や南島風といったように、民俗的・民族的な風貌をしている。齋藤が意識したかどうかはともかく、藁工ミュージアムに現れた藁製の鳥のような「なにものか」は、日本の民間祭祀に出てくる藁の依り代にとてもよく似ていた。齋藤はいったいなぜ、このような「もの」を撮影のお供にしたのだろうか。

境界や壁という言葉で表されるようなコミュニケーションの障害を乗りこえようとするとき、写真は有効で機能的な手段だ。カメラを手にすることによって、さまざまな場所へ旅し、いろいろな人に会うことができる。そういった旅や出会いの口実にもなるのだ。報道写真家やドキュメンタリー写真家について、彼らは「境界や壁をやすやすと越えていく」などと形容されることがある。こうした先入見にたいし、齋藤は「なにものか」を召喚することで、撮影者というものの属性、撮影者と被撮影者の関係を露わにする。ある日突然現れる撮影者が、歓迎されるとはかぎらない。しかし撮影者が、不可思議な神や妖怪とともに現れたとしたら、どうなることだろう。

私はここで民俗学者の折口信夫が広めた、「まれびと」という言葉を思いおこす。まれびと

齋藤陽道展「なにものか」展示風景（エイブルアートギャラリー）

は来客や客神を表す言葉で、折口はそれを、来訪神の存在を説明するために用いた。古代人にとって、まれびとは海の彼方の「常世」から、時を定めて訪れる霊的存在だった。どこからか現れ、またどこかへ去っていくもの。観察者ではなく、来訪者としてふるまうこと。境界や壁を越えたり、跨《また》いだりするのではなく、通りぬけるように接すること。齋藤が「なにものか」でめざしたのは、こういったことではなかったろうか。

*

齋藤は、障害者施設「みずのき」で四〇年間をすごし、絵を描きつづけている男性から渡された見馴れぬ色文字の「名刺」を見てこのように感じたという

人が未知の存在と出会うとき、意味が、内容が、先行されるのではない。／出会うことの始まりには、『行ない』がまずあった。／出会うこととは、そのひとがそこにいることを認め、『ああ』『やあ』とか何でもいい、自分の声で呼びかけることだけだろう。(略)しかし、そんな単純と思えるほどの呼びかけすら、言葉と意味を深くつなげようとすることだけが暴力的に先行していては、それは起こらない。ましてや、他者からの呼びかけも意味の理解を妨げるノイズとしか感じられなくなる。

「なにものか」展リーフレットより

写真が誕生したあと、その隆盛の契機のひとつに、「観光」や「旅行」があった。新奇なものを発見した「驚き」を記録するメディアとして、写真はとても便利で有効だった。しかし、それはあくまでも、未踏の地に外側から訪れたものの驚きであり、来訪された側の戸惑いが記録されることはほとんどなかったのである。しかしこの齋藤の写真には、写真家の分身である「なにものか」に驚き、その意味や性格を理解しようと近づいてくる人びとの姿が写されている。それはまさに写真家とは「なにものか」という、写真家自身の問い掛けでもあるのだ。

『この世界の片隅に』は妖怪映画である

方言とカタストロフ

こうの史代《ふみよ》の原作を片渕須直《かたぶちすなお》が監督したアニメ映画『この世界の片隅に』を公開初日に観た。原作を民衆史の一断面を描いた傑作と評価する一ファンとして、映画からも、次のようなことを改めて確認した。それは、「広島」という町が孕《はら》む、濃厚な死のイメージであり、日本家屋の「間取」がもつ意味であり、登場人物の出会いや別れに、物《もの》の怪《け》が重要な役割を果たしていることである。結論を先に言えば、『この世界の片隅に』は優れた民俗映画であり、妖怪映画だった。

『この世界の片隅に』は、広島市の海に近い江《え》波《ば》と草津、そして南東にある呉市という小さな世界を舞台にしている。しかしこの地域は、第二次世界大戦という地球規模のカタストロフのなかで、特別な位置を占めることになる。枢軸国である日本の広島市は、世界で初めて原子力爆弾を投下された都市である。また南東の呉市には大日本帝国にとって重要な軍事施設があった。

呉が東洋一の軍艦工場になったのは、それほど古くからのことではない。一八八九年（明治二二）七月、第二海軍鎮守府《ちんじゅふ》として呉鎮守府が開庁するまで、瀬戸内に面する呉は小さな海村だった。この物語の主人公すずの夫で呉鎮守府の軍法会議の録事である周作、航空機開発を担う広海軍工廠勤務の義父円太郎、朝日町の遊郭で働くリンも、呉の軍需産業と結びついた職業につき、そのため日本軍の浮沈に翻弄されていく。

すずの姪の晴美が、呉港に浮かぶ船の種類や名前をよく憶えているのはいじらしくもあり、当時の少国民の関心をよく示している。周作も、呉に入港する巨大船に向かい、「大和じゃ！よう　見たってくれ／あれが東洋一の　軍港で生まれた　世界一の戦艦じゃ　『お帰り』言うたってくれ　すずさん」と言って、すずの肩を抱く。

映画では、すずの吹き替えをのん（旧名・能年玲奈）が務めている。映画『この世界の片隅に』が興行的に成功を収めたとすれば、のんの抜擢によるところも大きいとみられることだろう。NHKの連続テレビ小説「あまちゃん」の天野アキは、東日本大震災の被災地、三陸地方の方言をお茶の間に滲透させた。方言のヒロインは芸名を変え、久慈弁から広島弁の使い手として再登場したのである。

『この世界の片隅に』は地方の言葉を用い、地域性を強調する点で、アニメ映画『君の名は。』と共通している。しかし、『君の名は。』の糸守村が、いくつかのモデルがあっても、あくまでも架空の村であるのにたいし、『この世界の片隅に』の呉と広島は、歴史の事実を映しださずにはいられない。都市の街並みが、あるいは村里の風景が感情を物語る。そこで交わされる方言によって、景観は初めて具体的に立ちあがるのだ。

「かまどの煙」が意味するもの

この映画では、資料や証言をもとに呉や広島の街並みが見事に再現されている。その写実的な奥行きが臨場感を醸しだすとともに、カタストロフの後の悲惨な光景を準備する。しかし漫画でも映画でも、最も多くの時間が費やされるのは、高台に建つ北條家の、平屋建ての家屋なのだ。

縁側や茶の間における会話や営みも印象的だが、若い主婦であるすずは、かまどがある土間で最も長い時間を過ごす。

民俗学者の柳田国男は、子どものころ、厨《くりや》のほうから伝わってくるパチパチという木の燃える音と、そこから漂ってくる匂いで、毎朝目を覚ました（『故郷七十年』）。そこでは母が朝飯のかまどに、小枝の束を少しずつ折っては燃しつけていた。柳田は後年になり、ふと嗅ぎとめた焚火の匂いから、その小枝がクロモジの木であったことに気づく。「そして、良い匂いの記憶がふと蘇ったことから、私の考えは遠く日本民族の問題にまで導かれていったのであった」。

太平洋戦争を挟んで活躍した詩人の伊東静雄も、子どものとき早い時刻に目覚めると、かまどの明かりのなかで御飯を炊いている、母や姉の姿をたびたび見たという（「薪の明り　散文詩」）。そんなとき彼女たちは、「もうしばらく寝ていなさい」と幼い静雄にやさしく言ってくれた。「今私は、田舎に罹災疎開したまゝ、まだ都会に帰れずにいるが、曾《かつ》ての母や姉の代りをしてくれるのは、妻だ。暗い冬の朝、かまどの前、まきの火の明りの中にうずくまる女の姿ほど、あわれなものはない」。

柳田国男も伊東静雄も、かまどの匂いと煙の記憶に導かれ、民俗学者や浪漫派の詩人になっていった。映画『この世界の片隅に』では、すずをはじめとする女性たちが炊いたかまどの煙が、呉の家々から立ちのぼる光景が描かれる。その俯瞰シーンは、「高き屋にのぼりて見れば煙《けぶり》立つ　民のかまどはにぎはひにけり」という仁徳天皇の歌を彷彿させる。しかし、ここで煮炊きされているのは白いご飯ではなく、代用炭団《たどん》で炊いた節米食や、すみれやたんぽぽ、かたばみといった野草なのだった。

広島は「死んだ人のゆくところ」

妖怪や物《もの》の怪《け》のような怪しい存在、また不可思議な出来事も『この世界の片隅に』の重要なファクターである。

すずと周作は、広島の中心で、「人さらい」によってめぐり会う。江波から広島の中島本町の料理屋まで海苔を届けに行ったすずは、「ばけもん」が背負う籠の中に投げこまれてしまう。そこにいた先客が、のちに夫となる周作だった。二人はばけもんの晩御飯になるところだったが、すずの機転で籠から逃げだすことができる。周作が気を失ったばけもんにミルクキャラメルを握らせたあと、二人は橋の上で別れる。このばけもんは原作でも映画でも、〝鬼〟として、また最後に登場することになる。

山口県周防《すおう》大島の出身の民俗学者宮本常一は、広島を流れる川についてこんな話を綴っている（『私の日本地図4　瀬戸内I　広島湾付近』）。子どものころ弟が乱暴をしたり、泣きわめいたりすると、

「おまえは広島の橋の下でたらいにのせられて流れていたのを拾った子だから、かえしにいくぞ」と叔母や祖母がたしなめた。弟だけではなく、親兄弟の手に負えない粗暴な子どもは、みんなそのように脅かされたのだった。

そこで私の子供心には、広島に大きな川があって、その川の川上の方から、子供をのせたたらいがつぎつぎに流されて来、川口付近にいる船が、その子を拾いあげてはかえってゆく。橋の下の船はほうぼうからあつまったもので、それが子供をひろうと、またほうぼうへつれてゆく。

どの船にも生れたばかりの子供がつまれている情景が心の底にやきついていた。

また広島は、「死んだ人のゆくところでもあったようだ」と宮本は言う。人が死ぬと、「あの爺さんも広島へたばこを買いにいったげな」と噂するものがいた。ある人が、ある日ふといなくなると、こんなふうに表現したのである。宮本の故郷では、広島という土地は「一つの幻想の世界だった」。

草津にあるすずの祖母、叔父伯母の家には「ザシキワラシ（座敷童子）」がいた。

江波に住むすずたち兄妹が、お盆のお墓参りにスイカを手土産に草津を訪ねる。三兄妹が昼寝をしていると、屋根裏から、天井板を一枚はずして少女が降りてくる。食べ残しのスイカを食べる少女に、すずは貰ってきてあげようとする。しかしすずがスイカをもって戻ってくると少女はいない。すずは、寝ぼけていたのだとからかわれるが、兄はその少女は、家にいると縁起がいいとされる「ザシキワラシ」ではないかと言う。

すずが嫁いだ呉の北條家にはザシキワラシはいなかったようである。それでもすずは天井を仰ぐたび、ザシキワラシを探すように、あるいは呼び寄せるように手指を動かす。その天井板も、やがて戦局の悪化から、「焼夷弾が引っ掛からないように」取りはずされてしまう。しかしザシキワラシはすずのことを、遊郭から見守っていた。なお、すずが海苔を納めに行った料理屋は「ふたば」であり、リンが勤める遊郭も「二葉館」だった。

原作に活かされていた「考現学」

映画化によって風景に奥行きがもたらされ、リアリティが獲得された。そのいっぽうで、原作の大きな魅力だった、考現学的な図や説明の多くが省略されている。空襲避難のマニュアルや防空用機材の一覧、悩みを綴った投書に対する時局的な回答、財団法人日本少国民文化協会制定の「愛国イロハカルタ」などなど、また欄外に記された「注」も、原作者が現代の読者に細かに配慮したものだったろう。こうした戦争の日常をより深く知るために、原作も必ず手に取ってほしいと思う。

周作の姉の径子が、娘の晴美に衣料切符で買ってあげたいものを空想する場面では、晴美の周りをランドセルや海水着、防空頭巾などが取り囲む。この構図は今和次郎《こんわじろう》の考現学が明らかに意識されている。

今和次郎は、柳田国男の薫陶を受けて民家の研究をしていたが、関東大震災を境に、考現学による街頭調査を開始した。なかでも最もよく知られているのは、復興著しい東京銀座の街路を歩き、男女の着衣を頭の上から足の先まで調査した記録である。

銀座調査で評判を得た今和次郎一行は、本所深川の貧民窟の調査にも乗りだす。その際に描かれたのが、値段付きの「男の欲しいもの」と「女に入用な品物」だった。「女に入用な品物」では、下着姿の女性の周りを、タンスやたらい、割烹着や日用雑貨が取りまいている。乏しい収入のなかから、彼女たちが何を必要とし、やりくりしようとしているのかが、一枚の絵で説明されているのだ。「晴美に入用な品物」一覧は、のちの悲劇を、よりいっそう残酷で切ないものにしている。

すずは、少女時代に広島で人さらいからまぬがれたあと、こんなことをつぶやいていた。

「わたしは　よく人から　ぼうっと　していると　言われる　ので／あの日の事も　きっと昼間の夢だと　思うのだ」と。『この世界の片隅に』は幻想世界と現実との境界が曖昧な民話的な物語である。幸福なときも不幸なときも、「夢かもしれない」「悪夢のようだ」とつぶやきながら、日本人はずっと残酷な現実を生きてきたのだ。

III

日本人と信仰

縄文と民俗の交差点

八ヶ岳山麓の「辻」をめぐって

古墳時代や弥生時代ならいざしらず、いまから約一万五〇〇〇年前から約二三〇〇年も前の縄文時代を、民俗学的に視野に入れることが可能かどうか。記紀の神話や歌謡、『万葉集』のうたから、古代人の感情を導きだすことにかけては、折口信夫や西郷信綱《のぶつな》のような優れた先達がいる。しかし、縄文人がどのようなことを考え、どのような心持ちで暮らしていたかといった喜怒哀楽を斟酌《しんしゃく》し、私たちとつながる意識を探ろうとするのは、決して簡単なことではないだろう。

だとするなら、一万年以上も続いた縄文時代を理解する糸口を見つけるには、地域を区切って考えたほうがいいかもしれない。そこで私は、長野県の諏訪湖畔から八ヶ岳山麓を拠点に活動した考古学者藤森栄一の文章を手がかりに、さまざまな時代の文化が交差する「辻」をめぐりながら、私たちの心性と信仰の持続性について考えてみたいと思う。

南大塩の辻

八ヶ岳西側山麓の大扇状地の東西に広がる長い台地上、現在の地名では長野県茅野《ちの》市豊平南大塩に、縄文時代中期の集落遺跡「尖石《とがりいし》・与助尾根《よすけおね》遺跡」がある。台地の中央部を走る浅い沢の北側が与助尾根、南側が尖石《とがりいし》で、後者の名称は遺跡の南側にある尖った巨石に由来するものである。尖石遺跡は地元の考古学者宮坂英弌《ふさかず》が、一九二九年（昭和四）以来、戦争を挟んで発掘を進めたものである。宮坂はかたわらに土器が見つかる「石囲炉《いしがこいろ》」を狙って掘りつづけ、竪穴住居址を完掘、村落の復元に研究を向けていった。

宮坂の調査に協力した藤森栄一は、八ヶ岳山麓に縄文人が住みはじめた時期のようすを、こんなふうに描いている。

――縄文前期、狭い谷頭や舌淵台地に、細々とわずか一・二軒の、家とも村ともつかな――

いかたまりで定着していた狩人は、約五千年ほど前から、前人未踏に近かったこの高原や洪積台地のひろびろとしたクルミ・クリ・ナラの疎林にでてきたのである。

藤森栄一『古道』一九六六年

藤森は、縄文人はここで狩猟・採集のほかに、「縄文農耕」と呼ぶべき営みがおこなわれていたのではないかと推論したのである。

遺跡の東にある「茅野市尖石縄文考古館」は、宮坂英式が一九五一年（昭和二六）に馬小屋を改造して開いた「尖石館」、そして豊平村立「尖石考古館」が発展してできた施設である。現在は二点の国宝土偶、「縄文のビーナス」と「仮面の女神」が展示されていることで知られている。

尖石縄文考古館から、茅野市の市街地に下っていく途中の「上辻」には、「道祖神盗み」の伝承をもつ陽石と双体道祖神が並び立つ。伝承は次のようなものである。

上辻のすぐ下に位置する「小窪辻」では子どもが少なく、養子縁組がほとんどだった。小窪辻では子どもが少ない理由を道祖神のせいだと考え、上辻の道祖神の隣にあった石棒を掘りだし、小窪辻の道祖神のかたわらに祀った。すると、小窪辻では子宝に恵まれるようになり、上辻では子どもの不幸が続いた。上辻の人びとは返してくれるように頼んだが、返してくれない

上辻の道祖神と陽石

山寺の道祖神

ので奪いかえしたのだという。

縄文人もまた陽石状の「石棒」を祀っていた。

与助尾根第四号住居址の曽利皿式の伏甕《ふせがめ》の横にあった、くびれた頭部をもつ石棒は、北壁に立っていたと考えられている。同じく第二五号竪穴の西北隅には、有頭石棒が倒れていた。こうした石棒は、集落の共同広場の祭祀施設に祀られていたものが、縄文時代中期後半の曽利式期に家屋内にもちこまれるようになったものだと想像される。藤森は、地面から直立するものに神が降りてくるという「思想」により、こうした石棒は地母神信仰にもとづくものである可能性を指摘した。

小窪辻にはいま、二対の双体道祖神が並びたつ。向かって左側の神祇系の肩組み握手像は、一八〇〇年（寛政一二）に建立された男神同士の珍しいものである。明治に入り、「男同士だけではかわいそうだ」と、女性同士の道祖神をその隣に建てて祀ったという。

道祖神を奪いあった上辻の近くに、「南大塩御頭御社宮司社《おんとうみしやぐじしや》」が鎮座する。かつては、巨木、巨岩、尖った石などに降りてくる自然神だったとみられる「ミシャグジ神」には、この神を奉斎する村々の連合体のようなものがあったとみられる。南大塩は、諏訪社の祭祀組織御頭郷《おんとうごう》制度の親郷を務めたのがこのあたりではここしかないことから、この地域の中心的な性格をもつ集落だったようである。南大塩御頭御社宮司社の例祭には、現在でも諏訪大社上社の神職が出張し、神事を司祭している。

山寺の辻

「仮面の女神」が出土した「中ッ原《なかっぱら》遺跡」は南大塩の北、ビーナスラインに面した花蒔《はなまき》公園から南へ入った尾根状台地にある。二〇〇軒以上の竪穴住居址、三三〇〇余りの柱穴・墓穴、黒耀石の貯蔵跡などが発掘され、多量の土器や石器のほか、土坑からはヒスイやコハクも出土している。縄文中期から後期前半の遺跡で、「仮面の女神」は墓穴から出土した副葬品だった。

縄文前期の集落遺跡「神ノ木遺跡」がある北山芹ヶ沢の集落へ入る手前、小高い丘の小屋囲いのなかに、対座丸彫りの変わった道祖神がある。高さ六〇センチほどで向きあう片方の顔は、猿のようにも見える。以前は村のなかにあったが、どんど焼きの夜に火事があり、その責任を負わされて、この丘の上に移されたという伝承がある。

豊平山寺《とよひらやまでら》地区の「白山神社」の辻に、高さ一一四センチの双体道祖神が立つ。男女神とも踏込袴《ふんごみばかま》をはいて頬かむりをし、男神は女神の手を握る。台石に「文化三丙寅歳十一月吉日」（一八〇六年）の造立銘がある。山寺のあたりは、『延喜式《えんぎしき》』の「山鹿牧《やまがのまき》」、『吾妻鏡』の「大塩牧《おおしおのまき》」の中心地だったとみられ、平安時代から鎌倉時代には「山寺」という寺院があった。一帯からは、平安時代末期の竪穴住居跡のほか、礎石や五輪塔が発見されている。

山寺の守護神として祀られ、かつては「蛭沢の社」とも呼ばれた白山神社は、神仏習合の様相を色濃くとどめる。神社の山門に立つ「石造仁王像」は、武田信玄の戦勝祈願のため、諏訪大社上社の神宮寺に強引にもちさられた。そのため二度と盗まれないようにと、一七五七年(宝暦七)に、木造ではなく石により新造されたのだという。

ビーナスラインの建設にあたって、藤森栄一は霧ヶ峰の自然保護運動に立ちあがった。諏訪市角間新田《かくましんでん》に生まれた作家新田次郎は、当初の予定ルートを迂回させたこの運動をモデルに小説『霧の子孫たち』(一九七〇年)を執筆している。

御座石の辻

ビーナスラインと国道一五二号線の交差点に、建御名方命《たけみなかたのみこと》の母神「高志沼河姫命《こしぬなかわひめのみこと》」を祀る「御座石神社《ございし》」が鎮座する(茅野市本町)。諏訪には祭神が女神の場合「御柱《おんばしら》」を建てないという決まりがあるため、御座石神社では代わりに、御柱年に木の鳥居を建てかえるのがならわしとなっている。拝殿の前には、沼河姫命が鹿に乗ってきたときに腰掛けたという石があり、鹿の足跡らしきものが残る。

タケミナカタ神話に象徴される出雲族の諏訪への移動については、説話などをもとに、三つのルートが想像されてきた。信濃から流れでる姫川・信濃川・天竜川の、いずれかの川筋を伝ってきたというものである。姫川筋には、出雲系のオオクニヌシやコトシロヌシゆかりの神社説話が数多く伝わり、越後には一五二二社もの諏訪神社がある。また糸魚川町には、奴奈川《ぬながわ》神社もある。信濃川筋からは、伊豆毛《いずも》神社、生島足島《いくしまたるしま》神社と千曲川を遡上し、大門峠を越えて諏訪へ入るルートで、御座石神社の鹿の足跡のある石もひとつの根拠とされる。天竜川筋にも、タケミナカタにまつわる伝説が多く残る。

これらのなかで姫川筋ルートは、ヒスイの道でもあった。『万葉集』に「渟名河《ぬなかは》の　底なる玉　求めて　得まし玉かも　拾ひて　得まし玉かも　惜《あたら》しき君が　老《お》ゆらく惜しも」(巻十三　三二四七　作者未詳)といううたがある。「渟名河」は現在の姫川で沼河比売に由来し、「底なる玉」はヒスイを指して、沼河比売はヒスイを祭祀したとみられる。

(ヒスイは)山から姫川ではこばれ、何万年も海で磨かれた末に、打ち上げられてきたものである。長者ヶ原人は、それをもっと磨いて美しくすることを考えた。それから何百年も経つと、美しい磨かれた緑の玉や石斧ができるようになり、黒耀石と同じように、商人に負われて流れていった。

藤森同前

ヒスイの道は姫川を遡り、北アルプス山麓の安曇・筑摩地方、そして諏訪湖で黒耀石の道に重なり、尖石などを通って、甲府盆地西縁から桂川段丘、相模川筋、多摩丘陵まで続いていったのである。

米沢の辻

ビーナスラインに沿った米沢《よねざわ》地区、埴原田《はいばらだ》の「棚畑遺跡《たなばたけ》」は、霧ヶ峰の南斜面の山裾に広がる台地上にある。縄文時代の住居址一四九か所のうち一四六か所が縄文中期（約五〇〇〇年前）に属し、黒耀石流通の交易・交流の拠点として繁栄したと想像される。集落は環状集落が南北二か所にあり、双環状で、南側集落の中央広場にあった第五〇〇号土坑からは「縄文のビーナス」がほぼ完全な形で出土した。

米沢北大塩の辻に立つ双体道祖神は、稀にみる〝性神像〟である。男神は両手を女神の肩に

瀬神社の本殿裏に奉納された石神群

まわし、両足で女神を抱きこんで、接吻しているのだ。

米沢の旧塩沢村には「瀬《せ》神社」がある。祭神は、タケミナカタの父オオクニヌシの正妻、須勢理姫命《すせりびめのみこと》とされる。

一九五八年（昭和三三）に神域から、諸磯式・北白川下層式をはじめとする縄文前期の土器が大量に出土した。本殿の覆屋をのぞくと、信仰の北限に近い丸石や、石棒がいくつも納められている。

藤森栄一は、縄文中期の地母神信仰は縄文晩期末には忘れられ、水稲耕作が始まるまでのあいだ、石棒や土偶は権力者の威示的な、あるいはまじない的な装身具に変わってしまったと嘆く。

けれども陸耕時代の神は全く死滅してしまったわけではない。それから二十世紀もの間、細々ながら陸耕を主として生命を支えてきた大和朝廷水稲文化の外にある農民たちの間では斎の神、道祖神、ドウロク神、金精様、御左口神などに姿をかえて継承され、あのナイーブな、牧歌的な姿を健康な笑いにのせてツジツジに今なお生命の歌をうたっている。

藤森栄一「縄文の呪性」一九六九年

石棒や陽石や性神を建てたり、ヒスイの神やミシャグジ神を祀ったり、道祖神や仁王を奪ったりということを、八ヶ岳西側山麓の人びとは何千年も続けてきた。そして、「辻」でうたう道の神にこそ、縄文の精神と二一世紀の精神をつなぐよすがを、私は感じるのである。

熊を神に祀る風習

クマの神籬《ひもろき》

熊送りの儀礼をはじめ、アイヌの信仰世界において、クマが重要視されてきたことはよく知られている。ではそれ以外の日本列島に住んできた人びとが、クマという動物を神聖視してきたのかどうか。ここでは神話、フォークロア、文学、風俗といった側面から、このことについて考えてみたいと思う。

まず、古代の日本人が、クマにたいしてどのような信仰をもち、どのような感情を抱いていたかをみていきたい。そこで『古事記』をひもといてみると、中巻にクマが登場する。カムヤマトイワレビコ（のちの神武天皇）が、兄のイツセノミコトとともに東方に都をつくろうとして、日向の高千穂宮から大和に向かった。浪速《なみはや》の渡《わたり》から河内に上陸し、大和をめざそうとしたものの、ナガスネヒコとの戦いに敗れ、撤退を余儀なくされた。そこで紀伊半島の南部を迂回し、三重県南部に上陸して、熊野から大和に入ることにしたのだった。

故《かれ》、神倭《かむやまと》伊《い》波《は》礼《れ》毘《び》古命《このみこと》、其地《そこ》より廻《めぐ》り幸《いでま》して、熊野の村に到りし時に、大きな熊、髣《ほの》に出で入りて、即ち失せき。爾《しか》くして、神倭伊波礼毘古命、倏忽《たちま》ちにをえ為《し》、及《また》、御《み》軍《いくさ》、皆をえして伏しき。此の時に、熊野の高倉下《たかくらじ》、（此は、人の名ぞ）一ふりの横刀《たち》を齎《も》ちて、天《あま》つ神《かみ》御《み》子《こ》の伏せる地《ところ》に到りて献《たてまつ》りし時に、天つ神御子、即ち寤《さ》め起きて、詔《のりたま》ひしく、「長く寝《い》ねつるかも」とのりたまひき。故、其の横刀を受け取りし時に、其の熊野の山の荒ぶる神、自から皆切り仆《たふ》さえき、爾《しか》くして、其の惑《まと》ひ伏せる御軍、悉く寤《さ》め起《お》きき。

カムヤマトイワレビコが熊野に入ろうとしたところ、大きなクマが現れ、「をえ」して、ミコトもその軍勢も伏してしまう。「をえ」について小学館の『新編日本古典文学全集』は、「ヲユは、毒気に当てられて意識朦朧《もうろう》となるの意」と注解する。つまりクマの恐ろしさをここでは、巨大な体、太い腕、長い爪や鋭い牙などの身体的威力ではなく、毒気や妖気といったものとし、その不可思議な気で軍勢の意識を喪失させたとしているのである。

『古事記』では上巻の序においても、この出来事をふまえた記述がある。「神倭天皇《かむやまとすめらみこと》、秋津島《あきづしま》に経歴《へ》したまひき。熊と化《な》れるものの爪を出だして、天《あめ》の剣高倉《つるぎたかくら》に獲たまひき」。ここで出てくるクマの「爪」は、「川」の異字体だとされる。いっぽう岩波書店の『日本古典文学大系』では、「化熊川《くわいう》を出でて」と訓読し、「化熊」を「神の化身の熊」と注解している。

記紀において、九州南部にいた抵抗部族の「熊襲《くまそ》（熊曾）」や、ヤマト朝廷に恭順の意を示した周防の豪族「熊鰐《くまわに》」の存在が記される。また『日本書紀』の神代巻には、「熊成峰《くまなりのたけ》」という地名が出てくる。


時に、素戔鳴尊《すさのをのみこと》の子《みこ》、号《なづ》けて五十《いそ》猛命《たけるのみこと》と曰《まを》す。妹《おと》は大屋津姫命《おおやつひめのみこと》。次に柧津姫命《つまつひめのみこと》。凡《すべ》て此の三神《みはしらのかみ》、能《よ》く木種《こだね》を分布《まきほどこ》す。即ち紀伊国《きのくに》に渡し奉る。然して後に素戔鳴尊、熊成峰に居《ま》しまして、遂に根国《ねのくに》に入りたまふ。


記紀のなかで、熊と神の結びつきが明らかなのは、「熊神籬《くまのひもろき》」だろう。

『日本書紀』の巻第六で垂仁天皇三年の春三月のこととして、「新羅《しらき》の王子《せしむ》天日槍《あめのひほこ》来帰《まゐけ》り。将《もち》来《きた》る物は、羽太玉《はふとのたま》一箇・足高玉《あしたかのたま》一箇・鵜鹿鹿赤石玉《うかかのあかしのたま》一箇・出石小刀《いづしのかたな》一口・出石桙《いずしのほこ》一枝・日鏡《ひのかがみ》一面・熊神籬一具、并せて七物あり。則ち但馬国《たぢまのくに》に蔵《おさ》め、常に神物《かみのもの》と為《な》す」とある。

新羅から来たアメノヒホコがもたらした神宝のひとつ、「熊神籬」とはいったいどのようなものなのだろう。

まず「神籬」とは、神道における祭の際の仮設の祭壇であり、神が降りてくるための依代《よりしろ》である。折口信夫は「即位御前記」で、この謎の神宝について次のように解釈している。まず「此『熊神籬』が訣らない」としたうえで、「宣長は借字で『隈』の意であるとし、陰があって霊の宿る処だから、厨子の如きものであらうと言つてゐる。此合理式な考へは巧だが、語の組織から信頼出来ない」と本居宣長の説を退ける。そして、

事実は、神籬がひもろぎの性質を掩《おお》ふやうになるより前の、古い意義を持つてゐたのであらう。其には仄かながら「胙」の字が註釈になると思ふ。胙は、たとひ其自体が当らなくともさやうに訓まれるだけに、ある質の近似が思はれる。釈奠《オキマツリ》の実用よりも、まづ漢籍に上にある胙を訓じて、なぜさうした神道の語を以てすることになつたか、そこにひもろぎの語義の分化が窺へると思ふ。

「胙」は、「神に供えた肉」のことで、「ひもろぎ」あるいは「ひぼろぎ」と訓む。折口はこう

したことから、

熊のひもろぎが、「熊胙」であつたとすれば、さう言つた理由も訣つて来る。神肉だから胙の字を書いたのである。胙だから、生肉で人に頒ち与へねばならぬとまで考へないであらう。恐らく熊の肉の乾したもので、而も久しきに堪へるところから見ても、又呪物に用ゐられた痕から見ても、熊胆の類ではなかつたかと思ふ。

折口は、「熊神籬」は「熊胆」のことであり、それを神聖な捧げものとしたとみなした。しかし、記紀におけるクマが神としての性格をおびる可能性があること、あるいは新羅からもたらされたことなどを勘案するなら、「熊神籬」は「熊神の祭壇」だとも考えられるのである。

クマの民俗

近代に採集されたフォークロアのなかで、クマはどのように捉えられていたか。

柳田国男は『遠野物語』の序文で「遠野郷のトーはもとアイヌ語の湖という語より出でたる

なるべし。ナイもアイヌ語なり」とただし書きしている。そして本文中でも、遠野の地名のなかにアイヌ語由来のものが、あることが何か所かで指摘されている。

『遠野物語』の題目に、「熊」の民譚として分類されているのは、四三話一篇のみである。

四三　一昨年の遠野新聞にも此記事を載せたり。上郷村の熊と云う男、友人と共に雪の日に六角牛に狩に行き谷深く入りしに、熊の足跡を見出でたれば、手分《てわけ》して其跡を覓《もと》め、自分は峰の方を行きしに、とある岩の陰より大なる熊此方を見る。矢頃《やごろ》あまりに近かりしかば、銃をすて、熊に抱へ付き雪の上を転びて谷へ下る。連《つれ》の男之を救わんと思へども力及ばず。やがて谷川に落入りて、人の熊下《した》になり水に沈みたりしかば、その隙《ひま》に獣の熊を打取りぬ。水にも溺れず、爪の傷は数ヶ所受けたれども命に障《さわ》ることはなかりき。

『遠野物語拾遺』では二〇九話から二一二話が「熊」の話題である。

ある女が山に入ったところ、クマに遭遇した。身動きせずにじっとしていたら、クマが寄ってきて体じゅうを触る。そのうちクマは、女を沢のほうへ投げつけた（二〇九話）。クマに襲われて谷底に投げ飛ばされた男が、すぐ立ちあがってクマを射ちたおし、その胆を七〇円で売った

（二一〇話）。ある男がクマから逃げるため樹に攀《よ》じのぼったところ、追ってきたクマが樹から落ち、微動だにしない。「熊の馬鹿」などと罵っても動かないので樹から下りたら、クマは尻の穴から腸まで木の切片に貫かれて死んでいた（二一一話）。

二一二話では、ある兄弟が朽木の穴に入ったクマを捕ろうとしていると、大きな地震がおこり、その木が倒れた。そのあといつまで経っても、クマは出てこない。出てきたところを見逃したのだと二人が諍《いさか》いをしていると、向こうの山の岩の上でクマは死んでいた。

> 不意の地震で木が倒れた刹那に、朽木の奥深く入り込んで居た熊が向う山へ弾き飛ばされて、石に撲ち当てられて死んだのであつたらうと謂ふ。一寸ありさうもない話だが、是は決して偽ではない、確かな実話だと謂つて居た。

猟師がクマを捕獲する目的はおもに、胆を薬用とするためだった。熊の胆は民間薬として山村、農村で貴重視されていたのである。また新しい利用法として、毛皮を売ることもあった。

平安時代の格式《きやくしき》『延喜式』の巻三七に「諸国進年雑薬」という項目がある。中央に貢進させた薬の原料の国別明細のなかにはクマにかかわるものもある。ツキノワグマの胆嚢「熊胆」は「美濃国四具、信濃国九具、越中国四具、計十七具」、ツキノワグマの手である「熊掌」は「美濃国二具」と記される。「熊胆」は万病に効く良薬とされ、この胆一匁と金一匁で取りひきされていた。「熊掌」は、秋田のマタギのあいだでは強壮剤として用いられ、掌の骨は粉末にし、脚気や解熱剤となった。

クマの祭祀

富山県の立山《たてやま》雄山《おやま》神社の開基伝承のなかに、クマが登場する説話がある。

文武天皇の大宝元年、七〇一年に、阿弥陀如来が天皇の夢枕に立ち、そのお告げに従い天皇は佐伯有若《ありわか》を越中の国守にした。その子の有頼《ありより》がある日、鷹狩りの鷹に逃げられてしまい、それを捜して深山に入った。するとクマが現れて、有頼に襲いかかった。有頼は矢で熊を射たものの、クマは血を流しながら、立山の玉殿《たまどの》の岩屋に逃げこんだ。そこで有頼も後を追い、岩屋の中に入ったところ、そこには阿弥陀三尊が立ち、阿弥陀如来の胸には、さっき自分が射た矢が刺さっていた。有頼の夢のなかで、「我は衆生を救おうとこの山の十界を現して汝が来るのを待っていた。クマは私である。お前は早く出家してこの山を開け」というお告げがあった。有頼は山を下りて仏門に入り、やがて立山を開いた。

九州北部の熊野権現を祀る神社では、紀州熊野本宮の縁起にあるように、白い鹿の姿となって猟師を誘いだして射止めたあと、神鏡を現じて迹《あと》を垂れたという伝承をもつところがある。たとえば大分県庄内町野畑の熊群《くまむれ》神社では、一一一七年（永久五）に安倍宗任《あべのむねとう》の三男実任《さねとう》がこの地に来て、岩上のクマを射ようとすると阿弥陀三尊となり、三つの鏡となった。そしてこれを、熊野三所権現と祀ったと伝えている。

九州では、クマを捕ると祟りがあると言って、熊を一頭殺すごとに墓石を建てて祀っているところがあった。そこでは、クマを弔う丁重な儀式が終わると、骨を埋葬し、「熊様」「熊の権元」などと彫った石をおく。そうしないと七代まで祟るのだという。

土佐の各地にはクマを殺したあとに、一族の祭り神として祀った神社がある。高知県幡《はた》多郡十和村《とおわそん》小城字追和《ついわ》の芝家では、氏神である弓矢八幡に熊王神社を合祀する。昔、クマを撃ち殺し、その内臓を餌にして鷹をとらえたところ、その祟りで病人が続出したことから、クマの霊を祀ることにした。また大正町弘瀬字弘見口の宮脇氏の裏山にも、熊王神社がある。やはり昔、妊娠したクマを撃ち、その祟りをおそれて祀ることにしたといい、一一月一日の祭の日には安産の神として、ほかの集落からも参拝者が訪れるという。

クマを神の姿とみる信仰で、熊野信仰とはかかわりなく発生したと考えられるのが、信州の諏訪大社である。一三世紀に書かれた「上社物忌令」は、贄《にえ》として忌むべき五つの生きものをあげ、その他はいかなる鳥獣魚類でも神前に献ずること差支えなし、と述べる。その忌むべきものの第一が、クマだった（ちなみに他の四種は、羚羊《ニク》・猿・山鳥・イワナである）。

長野県伊那盆地の東の山中にあたる遠山川の流域でも、南信濃村上《かど》では「クマを獲ったならすぐその場所を離れよ。その際には静粛にして雑談などをつつしめ」と言った。また、「もし射損じたならば、敏速にその場を立ち去るべきだ」と戒める。もしクマを射止めたなら、近隣のものたちを招いて「熊祭」をする。座の正面にクマの死骸をすえ、神官にたのんで祭文を読んでもらい、神酒を献じたあと酒宴に入るという。

クマの童話

沿海州から西シベリアにかけての森林地帯に住む狩猟民のあいだには、次のような伝説がある。クマはもと人間であり、人間はクマの姿であった。あるときお互いに約束をして着物を取りかえたが、人間はそのまま着物を返さずにいる。だからクマは森の奥にあるクマの家にいるときは、毛皮を脱いで人間の姿をしている。

また『日本山海名産図会』には、ツキノワグマを大身の槍で追いまわして逃れるようであれば、「帰せと一声をあぐれば、熊立かへりて人に向かふ。此の時又月の輪といふ一声に恐るる体あるに、忽ちつけいりて突留めり」と記される。

これまで見てきたように、クマと人間が種別を超えて交渉をはかることは、日本の神話やフォークロアではほとんど実現していない。しかし近代文学、なかでも童話の世界では、辛うじてこうしたファンタジーが描きだされている。

宮沢賢治の『なめとこ山の熊』は、クマが登場する童話の代表的なものだろう。なめとこ山の麓に、淵沢小十郎というクマ撃ちが住んでいた。小十郎は一家七人を養うため、クマを殺すことを生業にしていた。

熊。おれはてまへを憎くて殺したのでねえんだぞ。おれも商売ならてめへも射たなけぁならねえ。ほかの罪のねえ仕事していんだが畑はなし木はお上のものにきまったし里へ出ても誰も相手にしねえ。仕方なしに猟師なんぞしるんだ。てめえも熊に生れたが因果ならおれもこんな商売が因果だ。やい。この次には熊なんぞに生れなよ。

小十郎はある日、木に登っているクマを見つけて、鉄砲を向けた。するとクマは、「二年間待ってほしい、二年目には小十郎の家の前で死んでやるから」と言った。クマはそれから二年目に小十郎の家の前で死んでいた。その後小十郎は猟に出たとき、クマの不意打ちにあって死んでしまった。その三日後にクマが集い、小十郎のために盛大な弔いがおこなわれた。

その栗の木と白い雪の峯々にかこまれた山の上の平らに黒い大きなものがたくさん環になって集って各々黒い影を置き回々教徒の祈るときのやうにぢっと雪にひれふしたままいつまでもいつまでも動かなかった。そしてその雪と月のあかりで見るといちばん高いところに小十郎の死骸が半分座ったようになって置かれていた。

新美南吉《にいみなんきち》の「正坊《しょうぼう》とクロ」は、一九三一年(昭和六)に児童文学雑誌『赤い鳥』に投稿され、入選した作品である。これは「ごん狐」に先がける、南吉にとって最初のものだった。

村々を興行してあるくサーカス団がありました。十人そこそこの軽業師と、年をとった黒熊と馬二頭だけの小さな団です。

(中略)つぎは、熊のクロが出る番になつてゐました。熊つかいの五郎が、ようかん色になつたビロードの上着をつけ、長靴をはいて、シュッシュッとむちをならしながら、をりのそばへいきました。

「さあ、クロ公、出番だ。しっかりたのむよ。」と、笑ひながら、とびらをあけましたが、どうしたのかクロは、いつものやうにたち上つてくる容子《やうす》が見えません。

クロに丸薬を飲ませようとしても口を開かないので、はしご乗りの曲芸で足をひねって病院に入院していた正坊を連れてきた。正坊が「勇敢なる水平」を歌うと、クロは立ちあがり、丸薬を飲みこんだ。

もともと貧乏だったサーカス団は、馬が病気で死んでしまい、興行が満足に打てなくなる。軽業師たちは、団長とお千代と正坊の三人を残して、逃げだしてしまった。団長はクロを動物園に売り、正坊とお千代は町のメリヤス工場に住みこみで働かせてもらうことになる。クロは動物園で、空ばかり見あげていた。すると「クロ」と呼ぶ声がした。

正坊は「勇敢なる水兵」の曲をうなりだしました。クロは急にからだ中に血がめぐり出してきたやうに、勇ましく立ち上つて、サーカスでしてゐたときのやうに、歩調をとつて、をりの中をあるきまはりました。それから金棒の間から口を出して、なつかしさうに、正坊の方を仰ぎ見ました。ダンダラの服はきてゐませんでしたが、正坊にちがひないことが分ると、クロはウォーンウォーンと、のどをしぼるやうな、うれ

――しなきのさけびをあげました。――

クマの置きもの

かつて日本中の多くの家庭の飾り棚に「木彫りのクマ」が飾られていた。この北海道土産の代表的なものとして知られる木工製品には、次のような歴史があった。

北海道南部、八雲町の徳川農場の場主だった徳川義親《よしちか》（一八八六〜一九七六）は、一九二一年（大正十）から二二年にかけて、第一次大戦後のヨーロッパを旅行し、ドイツ、フランス、スイスの農民生活を視察した。その際に、スイスではクマをモデルにした木彫りの民芸品が売られているのを見て、八雲の農民の副業に奨励し、生活向上に役立たせようと、見本になる木彫りグマを買って帰国した。帰国後に八雲を訪れた義親は、見本のクマを農民に示し、できあがった製品はすべて買いあげるからと言って、木彫りグマの制作を奨めた。一九二四年（大正一三）に八雲小学校で「第一回農村美術工芸品評会」が開催され、そこにスイスの木彫りグマを参考にして制作された、伊藤政雄の作品が出品された。これが北海道における木彫りグマの記念すべき第一号である。

八雲町の木彫りグマは、戦前には東京など道外でも販売されたが、戦後になり衰退した。いっぽう、八雲町から道内各地に伝えられていった木彫りグマのなかでも、旭川のものは人気を集め、戦後の道内における本格的な販売や発展の発祥地とされる。クマ撃ちの名人で実際のクマの姿を木彫りに再現したアイヌの松井梅太郎（一九〇一～四九）は、木彫りグマ隆盛の祖とされる。アイヌ木彫りグマの特徴は、アイヌ彫刻の伝統を活かしたもので、シャケをくわえた木彫りグマもここで考案されたのだという。

昭和四〇年代、加藤登紀子の「知床旅情」や森進一の「襟裳《えりも》岬」に惹かれて、北海道を旅行した人びとは、こぞって木彫りのクマを買い、手土産にした。かつて新羅の王子が「熊神籬」をもちきたったように、昭和の旅人は、家庭に野生をもたらせたかったのかもしれない。

窓いっぱいの猫の顔

まず問題が三つある。第一に猫にも歴史があるかどうかである。第二の問題は猫の歴史を、調べてみる必要があるかどうかである。第三に問題となるのはすでに猫に歴史があり、またこれを知ることが我々にも必要であったとしても、それが果して明らかになる見こみがあるかどうかである——。

これは、柳田国男が「狼史雑話」（一九三二年、三三年）で、狼について提起した問いかけの「狼」のぶぶんを、「猫」におきかえたものである。

「狼史雑話」をおさめた『孤猿随筆』（一九三九年）は、猿、狐、猪、猫、狼といった動物たちをめぐって、彼らにも、彼らなりの歴史や事情があることを説いたユニークな民俗誌だった。そのなかで猫のことを中心に扱っているのは、「猫の島」と「どら猫観察記」の二篇である。「猫の島」（一九三九年）で柳田は、日本各地に点在する猫の島をたどりながら、「猫が人間を離れて猫だけで一つの島を占拠するということは、現実にはあり得べきことではない。彼等には舟楫《ふなかじ》もなく、また希望も計画もないからである」と述べる。しかし島人たちは、鼠の大群が島に渡り、住民の食物を奪い尽くすという経験を「現代」に入ってからも重ねているため、猫にもそういう歴史があったように想像したらしいという。

「どら猫観察記」（一九二六年）は、スイスやイタリアにおける飼い猫の事例、成城の柳田邸の庭にやってくる猫たちのようす、猫が口を利いたという伝承、猫の尻尾が有用か無用かといった話題が綴られる。柳田はここで、「猫にも歴史があるのか」という命題にたいし、「猫と人間との最初の交渉、またこの動物の分布の経路等に関しては、今なお闡明《せんめい》せられざる歴史の隈《くま》が多い」という。しかし、猫たちからすれば、いかんともしがたい偶然にもとづき、彼らの文化が激変しようとしているのではないかと想像する。「しかもその原因が許多《あまた》の海山を隔てて、世界到る処この種族のすべての者に、共通であるということは考えさせられる」。

「どら猫観察記」の、柳田邸の庭を訪れる猫の描写には、柳田の慈愛に満ちたまなざしが感じられる。何世代も代替わりし、名前もない猫たちのなかに、「一匹だけ大きくなってまで、妙に気の善い馴れ馴れしいのがいた。家の子供がタマと名を附けて食物を与え、庭に出ると来て抱かれるほどに親しんでいた」。しかしタマもまたやがて、匿名の猫族のなかにまぎれてしまう。

*

柳田が雑誌『太陽』に南方熊楠を推輓《すいばん》し、最初に掲載された文章は、「猫一疋の力に憑って大富となりし人の話」（一九一三年）であった。この論考は、イギリスの「ノーツ・アンド・クエリーズ」に執筆した原稿を日本用に書き改めたもので、イギリスではよく知られる成り金譚「ホイッチントン（ホイッチングトン）物語」が、どのような経緯で成立したかを考察している。仏教圏で発生した鼠が人を富ませる物語が、鼠と猫にたいする捉え方が異なるイスラム教圏を経過して変質し、ヨーロッパに入って、「猫で成り金の譚《ものがたり》」になっていったと熊楠は考えた。つまり、イスラム教徒が猫を好愛することから、仏教の経典や説話に出てくる鼠を猫に代えたというのである。熊楠はこの猫の人類誌をさまざまな地域の史料、「和七（五）、漢十二、英十一、仏四（五）、伊一、四十五種。後に出す追加、和二、英一、仏一、〆四十九種」（「日記」一九一二年一月四日）を駆使して書いたことを自慢にする。

熊楠が、妻松枝の実家の田村家に、小犬ほどもある丸々と肥えた灰猫を抱いて、「これに行水をつかわせてほしい」と言ってきたことがある。しかし田村家では、猫の行水などしたことがなかったので、姉妹総出の騒ぎのすえに猫を洗った。すると、汚らしかった灰猫が白黒のはっきりした「なかなかハンサムな斑猫に化け変り」、熊楠の喜びようは大変なものだった。それ以後も、熊楠から猫の行水の依頼が続けられたが、あるときは虎猫、あるときは三毛猫だった。

飼い猫のほうでも、夜になると粘菌によってくるなめくじを追い払う、ひと仕事を受けもっていた。なめくじは粘菌が好物なのか、「ひと晩でペロペロなめられ」たことがなんどもあった。採集した粘菌は屋外に置いてあるので、熊楠は「一時間ごとに粘菌の変化を見に行くのですが、ちょっと油断した間になめられますと、もう地団太《じだんだ》を踏んでくやしがっておりました」(南方文枝「父 南方熊楠を語る」)。熊楠の飼い猫も代替わりしたが、名前は代々「チョボロクさん」と呼ばれた。また熊楠は、猫にマタタビを食べさせ、涎《よだれ》を流して喜んで転げまわるさまを、目を細めて眺めていることもあった。

＊

熊楠は、日本では猫が「エジプトや支那と異なり、他畜に後れて入り来たったものゆえ、牛馬や鶏の如く、本邦の神誌や、古民俗や、旧儀に関係せなんだ」と考えた(「西濃のヤマネコについて」)。しかし、実用動物としての猫が、蚕の天敵である鼠を駆除するものとして、近世の終わりごろから、神のように祀られるようになる。こうした養蚕信仰としての「猫神」は、石像や絵馬の形で奉納された。そのひとつ、岩手県陸前高田市矢作町梅木の「猫淵様」に奉納された絵馬には、愛らしい草花が黒猫に添えて描かれ、民衆の素朴な信心をうかがわせる。

なお柳田、熊楠を受け継ぐ「猫のフォークロア」としては、大木卓の『猫の民俗学』、平岩米吉の『猫の歴史と奇話』、あるいは永野忠一の著作があげられる。永野は正真正銘（?）の猫民俗学者で、『猫その名と民俗』『怪猫思想の系譜』『信仰と猫の習俗』『猫と日本人』『猫と故郷の言葉』『猫と源氏物語』などを上梓した。

ところで私が最も愛する猫の話は、柳田の「松島の狐」（一九〇二年）に唐突に登場する宮城県田代島の猫である。

「猫がどうしてこの島に住み始めたかは、もう話してくれる者もなかったが、近い頃にも小学校の休み日の日中に、宿直室に寝転んでいた人がふいと起きて見ると、窓の外に窓一杯の顔をした大猫が来てうずくまっていたという」。全く意味もなく、解釈の施しようもないこの挿話以上に、痛快で鮮烈な猫譚に私はまだお目にかかったことがない。

移住漁民と水神信仰

摂津国佃村漁民の移住

東京都中央卸売市場築地市場は二つの神社によって守護されてきた。

一社は場内にある「魚河岸水神社《うおがしすいじんしゃ》」であり、もう一社は場外に鎮座する「波除神社《なみよけ》」である。ただし前者は遥拝所のみであり、神田明神（神田神社。千代田区外神田）の境内社が本社である。

二つの神社がここに祀られた経緯をみていくことで、築地市場をめぐる信仰史と民衆史について考えることができるのではないか。そのためには最初に、日本橋にあった魚河岸と、築地の対岸の佃島に摂津から移住してきた漁民の話をしておく必要がある。

天正年間（一五七三〜九二年）に徳川家康が清和

源氏の祖廟である「多田院《ただのいん》」（現在の多田神社。兵庫県川西市）に参詣した際、摂津国西成郡佃村（現在の大阪市西淀川区佃）と大和田村（現在の西淀川区大和田付近）の漁民が神崎川《かんざき》に渡船を出して手助けし、また白魚を献上した。その後、慶長四年（一五九九）に家康が伏見に在城した際には、御膳魚の調達につとめ、徳川軍が瀬戸内海や西国の海路を隠密に通行するときには、漁船で滞りなく通行させるなどした。

天正一八年八月一日（一五九〇年八月三〇日）、佃村と大和田村の漁夫ら三四人が、初めて江戸に移ったとされる。この江戸移住にかんしては、摂津国佃の「住吉の社」の神職平岡大夫の弟、権大夫好次が分神霊を奉戴して江戸にくだったとも、佃の名主森孫右衛門が率いたという説もある。また佃と大和田の漁民たちは、慶長一九年（一六一四）の大坂冬の陣、翌二〇年の夏の陣の際にも付近の海上を偵察し、軍船を漁船に仕立てて本陣に報告するなどしたことから、その恩賞として全国での漁業権を与えられたともいう。

寛永（一六二四〜四五年）の頃には、漁民たちは鯛を筆頭に三五種の魚介類を、江戸湊・日本橋川・道三濠・辰ノ口・和田倉門の経路で江戸城へ献上するとともに、あまった魚を日本橋河岸で販売することが認められた。これが日本橋魚河岸の始まりであるとされ、森孫右衛門一族は日本橋魚市場の始祖といわれる。また彼らが、大漁・海上安全と子孫繁栄を祈願して「弥都波《みづは》能売命《のめのみこと》」を「大市場交易神」として祀ったのが、「魚河岸水神社」のもとだといわれている。

弥都波能売命は『古事記』による表記で、『日本書紀』に罔象女神《みづはのめのかみ》と記されるほか、水波能売命、水波之女命、闇御津羽神、水速女命などの神名で各地の神社に祀られている。「ミヅハ」は「水走」の意味で、灌漑《かんがい》のための引き水、あるいは「水つ早」、水の出はじめの意味だともいわれる。中国の『淮南子《えなんじ》』などでは、龍や小児の姿をした「水の精」だとされる。

漁民たちは、毎年一一月から翌年三月まで江戸に赴き、将軍家に白魚の献上をするようになったものの、往復が難儀だからと江戸常住を願いで、正保二年（一六四五）には鉄砲洲沖にある百間（約一八〇メートル）四方の干潟を幕府から下賜された。漁夫らはここを埋め立てて島を築き、永住することとなった。そしてこの島を、故郷の佃村にちなんで「佃島」と名づけたのである。

さまよう「水神」

森一族が大市場交易神として祀った弥都波能売命は、明治六年（一八七三）九月に、日本橋の長浜町（現在の日本橋室町一丁目、本町一丁目周辺）の魚河岸内にあった「常盤稲荷神社」の合殿に祀られることになる。明治二四年（一八九一）に社名を「魚河岸水神社」と改め、明治三四年（一九〇一）九月には神田明神の境内末社として遷座され、本殿が建立された。

大正一二年（一九二三）九月に起きた関東大震災により、日本橋魚市場は壊滅的な被害を受ける。同年一二月、旧外国人居留地（築地居留地）にあった海軍省所有地を借り受けて、東京市設魚市場を臨時に開設。このあたりは、江戸時代に松平定信が老中退職後に隠棲した「浴恩園」と呼ばれる別邸があったところだった。明治五年（一八七二）年には海軍省が置かれ、海軍大学校、造兵廠、水路部などの施設ができた。昭和十年（一九三五）に京橋区築地（現在地）に東京市中央卸売市場が開設された際、市場内に遥拝所が建立された。「魚河岸水神社遥拝所」は、築地市場の守護神として「水神さま」と呼ばれ、築地魚河岸会の人びとによって守られつづけている。

現在、中央区日本橋本町にある常盤稲荷神社は、倉稲魂命《うかのみたまのみこと》と相殿に罔象女神《みづはのめのかみ》を祀る。長禄元年（一四五七）に太田道灌《どうかん》が江戸城を築城した際、京都の伏見稲荷大神の分霊を常盤稲荷と名づけ、同城の守護神として勧請した。江戸開府で城郭の拡張工事がおこなわれ、現在の常盤橋（もとは大橋と称していた）付近に社地が移された。さらに長浜町の日本橋魚市場内に移り、市場の守護神「水神大神（罔象女神）」を相殿に祀り鎮座した。当時は、盛大な水神祭がおこなわれ、神田祭・天王祭とともに、江戸の名物行事だったという。水神祭は魚商連中が商売繁昌を祈るため、長浜町の水神を小田原町に祀り、九月の五、六、七日の三日間、神輿・山車の行列が各町をねり回ったという。

なおこの水神は神田神社の神官だった甫喜山景雄《ほきやまかげお》が家にもちつたえたものを、明治六年八月に常盤稲荷への合祀を願いでて、同年九月四日に遷座したという説もある（『中央区史』）。甫喜山景雄は明治時代のジャーナリストで、号は東陵。忍《おし》藩藩士の家に生まれ、のちに神田明神社家の養子に入った。維新後には『東京日日新聞』にかかわり、雑報を得意とした。また「古書保存書屋」を称し、『我自刊我書』と題して入手した稀覯本《きこうぼん》を刊行している。

波除様の魚介供養碑

築地市場の海幸橋門《かいこうばしもん》に隣接して、倉稲魂命《うかのみたまのみこと》を祀る「波除神社」がある。

江戸時代初期には海だった現在の築地のあたりは、万治元年（一六五八）に埋め立てが開始されたが、波に洗われてその工事は難航を極めた。そんなある夜のこと、光を放って海面を漂うものがあり、人びとは不思議に思って船を出すと、稲荷大神の御神体だった。みなは畏れて現在の地に社殿を作り、盛大に祭をした。それからは波風がおさまり、工事は進んで、埋め立てが完了した。人びとはこの稲荷大神に「波除」の尊称を奉り、雲を従える「龍」、風を従える「虎」、一声で万物を威伏させる「獅子」の巨大な頭《かしら》が数体、奉納された。これを担いで回ったのが「つきじ獅子祭」の始まりだという。以来、「災難を除き、波を乗り切る波除様」として、災難除け、厄除け、商売繁盛、工事安全などの神徳に崇敬が厚いとされている。「獅子殿」には現在、高さ二・四メートル、幅三・三メートル、重さ一トンの「厄除天井大獅子」が納められている。江戸時代末期に焼失して以来復興を待たれていたが、平成二年の鎮座三三〇年を記念し、樹齢約三千年の黒檜の原木を用いて、加賀鶴来の知田清雲とその工房の手により再興を果たした。

獅子殿の向かいには市杵島姫命《いちきしまひめのみこと》を祀る摂社「弁財天社」があり、「お歯黒獅子」が納められている。紅色の肌地にお歯黒を施し、巻き毛は金箔押し。総漆塗り一木造で、高さ二・二メートル、両耳幅二・五メートル、総重量七〇〇キロもある。

波除神社の境内には、魚市場ならではの石碑が立ち並ぶ。これらはすべて、市場で売買される魚介類、あるいは料理などに仲卸業者が感謝し、供養するために建てられた民間信仰の所産である。

「奉納魚がし碑」は、裏に「大正十四年四月吉日」と彫られていることから、魚河岸が築地に移転してきたときの奉納碑。「活魚塚」は昭和五九年（一九八四）五月に、魚河岸で活魚を扱う仲買の団体、東京築地魚市場活物組合により建立。毎年五月から六月には塚と本殿に活けじめの鯛を供える活魚供養魚霊祭がおこなわれる。「鮟鱇《あんこう》塚」は昭和四八年（一九七三）七月に鮮魚仲卸業者「尾邦《おくに》」の三浦啓雄が父浜七の志を継ぎ、鮟鱇の霊を慰め、鮟鱇の美味であることを人び

波除神社の供養塚

とに知らしめるために建立した。「海老塚」は昭和四八年九月に「東天会てんぷら料理協同組合」と海老問屋の「海老の大丸」により建立。てんぷらの象徴である海老の供養の塚として建てられた。

「蛤《はまぐり》石」は仲買の「網弁商店」が奉納した。蛤は男女和合の象徴として、理想的な女性を「蛤女房」と呼ぶなど縁起がよいものとされてきたことを顕彰したもの。「すし塚」は昭和四七年（一九七二）一一月一日に、「東京都鮨商環境衛生同業組合」が建立した。魚の霊に感謝し、慰め、さらにはすしを永久の食べ物として発展させていく決意の表明として建てられた。揮毫は建立当時の副総理、三木武夫。毎年一一月一日の「すしの日」には、すし種となる魚介などを塚に供える魚霊祭すし塚祭がある。「玉子塚」は平成五年（一九九三）一一月に、「東京鶏卵加工業組合」が創立三〇周年を記念し、玉子への供養と、玉子が古来いかに優れた食材であったかを人びとに顕彰するために建てられた。毎年十月、塚に玉子などを供えて、玉子塚供養祭がおこなわれる。

「奉納吉野家碑」は平成二八年八月三一日に、牛丼の「吉野家」が建立したものである。吉野家は日本橋の魚河岸で開業し、関東大震災後の魚河岸の築地移転にともない移転し、東京大空襲で店舗が焼失したものの、屋台で営業を再開。昭和三四年（一九五九）に「築地一号店」を開業した。創業店が築地市場にあったという「感謝の思い」を後世に残すため建てられた。

神社仏閣の形をとらない、こうした祈念碑、記念碑こそに、生業にいそしみ、また利益を追求する民衆の感情がこめられている。

佃煮と佃門徒

これまで見てきたように、魚河岸の歴史においては、摂津国佃と大和田の漁民の移住伝承が色濃く反映している。拝領した鉄砲洲沖を埋め立て、漁民たちが住んだ佃島は、現在、隣接する月島とともに、下町情緒を求めて訪れる人びとでにぎわう観光地となっている。

佃一丁目の「住吉神社」は、正保三年六月二九日（一六四六年八月十日）に佃島の築島者たちが、息長足姫命《おきながたらしひめのみこと》（神功皇后）と東照《あずまてる》御親《おや》命《のみこと》（徳川家康の霊）の分霊を奉遷し、摂津国佃の住吉社の分霊（住吉三神。底筒《そこつつ》之《の》男《お》命《のみこと》、中筒《なかつつ》之《の》男《お》命《のみこと》、表筒《うわつつ》之《の》男《お》命《のみこと》）とともに祀るために創建された。かつて佃の漁民たちは、住吉神社の祭礼に、小魚や貝類を塩や醤油で煮詰めたものを供えていた。悪天候時の食料や出漁時の船内食とするためだったが、雑魚が多く取れ、煮物が大量に作られるようになると、それを販売するようになった。これを「佃煮」と呼び、保存性の高さから江戸庶民に普及していったとされる。

東京佃の住吉神社のもととなった摂津国佃の「住吉の社」は、大阪市西淀川区佃にある「田《た》蓑《みの》神社」である。神社の縁起によると、三韓からの帰途、ここに上陸した神功皇后に島の海士が白魚を献上した。その海士を奉ったのが興りとされている。その数百年後、この地を開拓するとその海士が出現し、「神功皇后の御船の鬼板を伝え守って数百年、この神宝を安置して住吉大明神をお奉りせよ」と告げたため、貞観一一年（八六九）に住吉三神と神功皇后の「住吉四神」を奉り創建、田蓑嶋神社と称した。寛保元年（一七四一）九月に住吉神社、明治元年（一八六八）に田蓑神社と社号が改められた。

摂津国佃漁民の生業と信仰についてここまでみてきたが、彼らは真宗門徒であり、また土木技術に優れていたという側面が、築地本願寺の歴史からうかがわれる。

築地本願寺は元和三年（一六一七）、第十二代宗主准如《じゅんにょ》上人によって、浅草横山町に坊舎が建立され、創建当時は「浅草御堂」と呼ばれていた。その後、諸堂舎が整備されるにしたがい、本願寺の別院としての役割を担うこととなり、寛永二年（一六二五）、江戸幕府から公認された。しかし、明暦三年（一六五七）の大火で坊舎を焼失、幕府の区画整理のため浅草での再建がかなわず、代替地として八丁堀の海上が用意される。そこで佃島の門徒が中心になり、本堂再建のために海を埋め立てて、土地を築いた。延宝七年（一六七九）に再建がなり、「築地御坊」と呼ばれるようになった。つまり摂津からきた漁民たちは、鉄砲州沖を埋め立てて佃島を造り、八丁堀沖を埋め立てて築地を築いたのも彼らだったということになる。

「つきじ獅子祭」の合同渡御

つきじ獅子祭は、波除稲荷神社が毎年六月に執り行っている、約三五〇年の歴史をもつ祭で、江戸時代中期に書かれた『東都歳時記』にも、獅子頭を担ぎ町々を神輿のように練り歩く祭礼の記述が見られる。

平成二一年（二〇〇九）に江戸時代以来途切れていた町中の獅子頭が集まり、雄雌の一対の大獅子と一緒に町を練り歩く形が復活した。また平成二四年（二〇一二）には大獅子の復興作業の締めくくりとして、江戸時代以来焼失していた龍虎の頭も復興し、神社創建以来初となる千貫宮神輿、雌雄一対の大獅子と宮神輿のすべてを担いだ巡行がおこなわれた。平成二七年（二〇一五）には波除神社と魚河岸水神社の合同の神輿の渡御が実現したが、氏子の異なる両社の歴史上、初めてのことだった。この構想じたいは十年以上前からあり、今回の合同は、波除神社からの打診であったという。築地市場の豊洲への移転計画が、実現の大きなきっかけだった。

魚河岸水神社遥拝所は、築地市場の豊洲への移転にともない遷座され、いっぽう場外の波除神社は移転することはない。築地市場の信仰とは、そもそも大市場交易神にたいする信仰であり、波除神社の石碑群、築地本願寺、対岸にある佃の住吉神社、そして大阪の田蓑神社の歴史や伝承と切り離すことができないものなのである。

「休日増」を勝ちとった江戸時代の若者たち

日本人の長時間労働と勤勉性

過労死・過労自殺は、二〇一四年（平成二六）一一月に過労死等防止対策推進法が施行されて以降も、労災に認定されたものだけでも毎年二〇〇件前後起きている。二〇一七年一一月二一日に国際通貨基金（ＩＭＦ）が発表した日本の労働環境にかんする提言では、残業の抑制を求めるとともに、残業が減ることで夫は子育てや家事に時間を割けるようになり、妻は出産を機に会社を辞めなくて済むと指摘した。またこの提言では、働きすぎで死に至ることを「ＫＡＲＯＳＨＩ（過労死）」と紹介している。

日本人の「働きすぎ」の遠因は、江戸時代におこった「勤勉革命」によって培われた勤勉性によるものだといわれている。勤勉革命は、家畜がおこなっていた労働を人間が肩代わりすることにより生産力の向上を成しとげたもので、機械を利用して労働生産性を向上させた西ヨーロッパの産業革命とは大きく異なる。

江戸時代の農家は、負担が大きくなった家畜の飼育をやめ、それに代わるエネルギーは人間でおぎなうことにした。さらに人口の増加が鈍った一八世紀になると、農民は生産の拡大を図るため、自発的に長時間労働をおこなうようになった。彼らは、働けば働くほど稼げるようになり、地域社会も豊かになることで、労働にたいして満足感や達成感を覚えるようになったのである。こうして勤勉をよしとする倫理観が生まれたのだった。

沸きおこった「遊び日」の要求

江戸時代の後半になると、日本全国の村々で休日増大の要求が沸きおこった。人びとは定例の休日以外に、「遊び日」と呼ばれる、祭のための休日を求めたのである。歴史学者の古川貞雄の研究によると、農村の休日は労働休養日としての「休み日」と、神事祭礼や民俗行事のための「遊び日」の二種類に分類することができるという。

一七世紀後半から一八世紀初めの農民の休日は、田植えや稲刈り後の農休みに、正月・小正月・盆・五節句・神社の祭礼などを加えると、年間二〇日前後だった。こうした定例の休日以外に、村役人にことあるごとに願いでて、「遊び日」を勝ちとるケースが、一九世紀に入ってから激増していった。村共同体の神仏祭礼にかかわる祭礼型休日である「遊び日」は、年間で三〇日から四〇日台、ところによっては五〇日台、六〇日台以上、最大八〇日までにも達している。流行神の盛行、各地の有名神への信仰を広げた御師《おし》の活動などにより、村に神様が増えるたび、その祭のために少なくとも一日ずつ休みが増えていったのだ。

流行神には、御鍬神《おくわがみ》や疫病神、養蚕業の勃興による蚕神などがあり、御師の活動により勧請された神々には、伊勢・秋葉・金毘羅・稲荷・津島・富士・三峯・御嶽・天神などがある。さらには雨祝い・雨乞い・虫送り・二百十日・疫病退散、年貢減免祝い舞など、あらゆる祭が遊び日に認められていった。近世末期の信仰の多様化が休日を呼びこみ、休日を増やすために神々が招かれていったともみられるのだ。

若者たちが獲得した休日の実態

村役人に要求して休日増大をもたらしたのは、年季奉公人層、脱農・離農化した下層村民、そして若者たちだった。

住みこみの年季奉公人は、高賃金、休日の増加、労働の緩和を求め、労働休養型の休日を要求し、下層村民は、「勝手遊び日」「気儘遊び日」といった特例の休日を求めていった。祭礼型の「休日」にたいして、労働休養型の休み日は「休暇」にあたるといえよう。ヨーロッパにおける「休日」は、日曜安息日のようにほんらいは神の祝祭日で、「休暇」は産業革命以後の労使契約関係における労働免除日だった。近世の日本でも「休暇」が得られていたのである。

いっぽう農村の若者が組織した「若者組」は強力な集団的要求で村を動かし、祭礼型の休日を増大させていった。全国の村々で若者たちが、遊び日増大の要求を噴出させたのは、休日を獲得して、祭礼の際に、歌舞伎・狂言・踊り・神楽・獅子舞・人形芝居・相撲・花火などで遊ぶためだった。

遊び日を要求するさい、彼らは、親から五人組頭や百姓代を通じて名主におよぶという通常の直訴の道筋をとらず、多数で押しかけるという集団的示威行動をとった。応対した村役人側は要求の大半は呑まざるをえず、神仏祭礼がどんどん増えていった。歌舞伎や相撲などの祭礼興行を企画した若者組はさらに、祭の前日の稽古や、祭の翌日も休日にするよう村役人に要求したのである。こうして祭礼型の休日は、宗教的色彩を薄めて明らかに「余暇」になっていった。

オンとオフの絶妙な切り替え

江戸時代の後半に至って休日の増大を可能にしたのは、生産力の発達にもとづく実収益の向上を背景に、労働に明け暮れることにあきたりない、農民たちのゆとりある生活への希求があった。

ただしいっぽうでは、「遊び日」とはいえ、個人の自由時間ではなく村や家単位の休日であり、行事への出席は義務でもあった。休みの日に抜けがけして働くことは許されなかったのである。遊び日に働いた場合には、見逃したものも罰金、見つけたものには褒美金を与えるという「村定」があった。その理由は神仏をないがしろにしたからというものだったが、場合によっては村八分にまでなった。

しかし江戸時代後半の若者組の構成員も、「勤勉は美徳である」という理念まで棄ててはいなかった。祭礼の三日間は存分に遊んでも、また日常に戻ると労働に勤しんだ。そうした意味では、戦後の日本社会で理想とされ、現在も日本人の特徴とされる勤勉性とは似て非なるものである。

近世末期の日本の若者たちは、「オン」と「オフ」を絶妙に切り替えて、文化的な生活を営んだ。しかも彼らの自発的な運動には、労働の対価が経済的に潤うことだけではなく、休日・休暇を得て、充実した時間を確保することにも意識が向けられていたのである。

明治維新以降から現在に至る近現代の勤勉は、社会や組織に都合よく使われることであった。高度成長もこうした勤勉性のたまものだったろう。しかし江戸後期の人びとは積極的に社会を利用して、休暇を生み出していったのである。時代状況は異なるとはいえ、こうした活動は、長時間労働の問題を自力で解決していく手掛かりになるにちがいない。

『沈黙』のキリシタンは、何を拝んでいたのか？

「潜伏キリシタン」と「カクレキリシタン」

映画『沈黙―サイレンス―』（二〇一六年）は、遠藤周作の長編小説『沈黙』（一九六六年）を原作に、『タクシードライバー』『最後の誘惑』などを監督したマーティン・スコセッシが長年の構想を実現したものである。

台湾をロケ地に、窪塚洋介、浅野忠信やイッセー尾形等の日本人俳優が重要な役どころを演じているこの映画は、殉教と棄教の相克を描いたダイナミックなドラマとして優れたできばえになっている。そのいっぽうで、神社にも寺院にも参拝し、ハロウィンやクリスマスを楽しむ二一世紀の日本人の宗教観と照らしあわせて観ることもできる。そのための予備知識として、近世日本におけるキリシタン信仰の内実をみてみたい。

スコセッシの映画では、江戸時代初期のキリシタン弾圧下で、ポルトガル人の司祭ロドリゴ（アンドリュー・ガーフィールド）が、日本での布教に尽力した恩師フェレイラ（リーアム・ニーソン）が棄教した噂を聞き、それが真実か否かを確かめるため日本に向かう。そこで彼が見たキリシタンの殉教と、棄教への葛藤が描きだされる。

豊臣秀吉によるバテレン追放令、江戸幕府による禁教令、さらには一六三七年の「島原の乱」を境に、キリシタンにたいする取り締まりが徹底されていった。日本国内にカトリックの司祭が不在という状況のもとでも、キリシタンはキリスト教の信仰を捨てず、密かに伝えていったのである。そうしたキリシタンのことを「潜伏キリシタン」と呼ぶ。

潜伏キリシタンの子孫で、禁教令が解かれた一八七三年以降もカトリックに改宗せず、潜伏時代より伝承されてきた信仰形態を維持しつづけた人びとを「カクレキリシタン」という。潜伏キリシタンは邪教とされた自らの宗教を隠すために偽装もし、変形した信仰が伝えられたところから、日本独自のキリシタン信仰が生みだされていった。遠藤の原作でもスコセッシの映画でも、潜伏キリシタンの死を恐れぬ信仰とともに、彼らがキリスト教を誤解せずに信仰していたのかが重要なテーマになっている。

宗教学者宮崎賢太郎が書いた『カクレキリシタンの実像——日本人のキリスト教理解と受容』（二〇一四年）などによると、潜伏キリシタンの信仰は、「御前様《ごぜんさま》」と呼ばれる聖画像や宣教師の遺物などを納戸《なんど》の棚に祀って信仰する平戸《ひらど》・生月《いきつき》地方と、カトリックの教会暦（日繰帳）を信仰の中心とする外海《そとめ》地方・五島列島に分かれる。遠藤周作は小説執筆の際、二つの地方を取材し、スコセッシも両地域の信仰形態を映画に取りいれているようである。

映画には登場しないが、潜伏キリシタンの信仰対象としてイメージされるものに「マリア観音」がある。もともとは明朝時代の中国から舶来した白磁や青磁製の「慈母観音像」で、明らかに仏教の尊像だったものが、子供を抱く姿形から「聖母マリア」として崇拝されたものである。

天草土人形《どろにんぎょう》の「山姥《やまんば》」も、マリア像として崇拝されることがあった。天草土人形は江戸時代中期の享保年間（一七一六～三六年）につくり始められた窯焼きの人形で、山姥は長い髪に五彩の服を着て、豊満な胸を露わに子供を抱く（あるいは哺乳する）女性の姿をしたものだった。ここでは全く宗教性を帯びない、郷土玩具の土人形が信仰の対象になったのである。

カトリックとは相いれない信仰

御前様はおもに、マリアや聖人を描いた掛け絵で、「オラショ」（祈り）を唱え、御神酒や魚などを供える対象である。映画のなかで、トモギ村の「イチゾウ」（笈田《おいだ》ヨシ）がロドリゴにたいして、大切に隠しているようすを見せるのは御前様だろう。

こうした聖画に描かれている人物は、「受胎告知」や「聖母子と二聖人」など、キリスト教の聖画の基本構成を踏まえたものである。しかし、髷《まげ》を結い和服を着たものや、仏教的色彩を帯びたものもあり、古びた絵を描きなおす「お洗濯」によって、さらに日本人化していった。

紙で作った十字架を「おまぶり」と呼び、「サン・ジュワン」の聖水をかけることで、穢れや邪悪を祓う力をもつようになると信じられた。おまぶりは、社寺が授ける「お守り」に近いもので、村の中の危険な場所に置いて悪霊が近づかないようにしたり、死者にもたせたりしたという。サン・ジュワンはイエスに洗礼を施した「聖ヨハネ」のことであり、また伝説上の日本人伝道者バスチャンに教会暦を教え、禁教後も長崎各地を布教した人物も「サン・ジュワン」と呼ばれている。各地に「サン・ジュワンの奇蹟」と関連づけられた聖なる水の湧く場所が伝承されている。

「御札様」は、マリアとキリストの生涯を描いた「ロザリオの十五玄義」図が伝承されるうちに、木の札に簡略化された記号が記された「おみくじ」のようなものに転用されていった。おまぶりや御札様は「呪物崇拝《フェティシズム》」であり、サン・ジュワンは「個人崇拝」であり、カトリックとは相いれない信仰のありようである。映画でも、司祭の到来に歓喜した潜伏キリシタンたちが、何かしらの「モノ」を得ようとロドリゴに群がるシーンがある。ロザリオの数珠玉を分けあたえたロドリゴは、彼らの「モノ」にたいする執着を危惧するのだが……。

「踏絵」を踏んだり、仏教や神道の行事に参加したことにたいし、あるいは嘘をついた罪を消すために、潜伏キリシタンは「呪術」に近いこともおこなった。踏絵に行くときは新しい草鞋《わらじ》を履き、家に帰ると草鞋を炊いてその汁を飲むと、踏絵の罪が消されると信じたものもいた。葬式のときに、十字架を壺の水の中に浸しながらオラショを唱えると、仏教の経文が消えるとも言った。

「キリシタン神社」とは何か

キリシタンを祭神として祀る「キリシタン神社」も、キリスト教と日本の固有信仰が習合した特異な施設である。

キリシタン神社は、長崎市下黒崎町の「枯松《かれまつ》神社」、長崎市淵町の「桑姫社」、五島列島若松の「山神神社」と有福《ありふく》の「頭子《つもりこ》神社」、伊豆大島の「おたあね大明神」などが知られ、コンゴ共和国出身のカトリック司祭で、人類学者・宗教学者でもあるロジェ・ヴァンジラ・ムンシの調査によると八か所を数えるという。

下黒崎町の「枯松神社」は、この地方で宣教していたサン・ジュワンが死んだあと、枯松山の山頂に埋葬されてから、「ジュワンさん」「枯れ松さん」と呼ばれるようになったのが始まりと伝えられる。信者の墓が神社の周辺に建てられているのは、「私が死んだらジュワンさまの墓の近くに葬ってくれ」と遺言する人が多かったためだという。

キリシタン神社は、生前の偉業で慕われたキリシタンが、死後に崇敬され、その墓などが祀られ生みだされたものである。つまりは個人崇拝や先祖崇拝であり、聖人の霊を祀る信仰とキリスト教が結びついたのである。

スコセッシの映画ではあまり強調されていないが、棄教後のロドリゴが長崎の盆祭り、精霊供養に浸っていく姿は、『怪談』や『知られざる日本の面影』の作者で日本に帰化したラフカディオ・ハーン、小泉八雲の姿を思いおこさせる。

司祭はふと基督教の万霊節（トゥサン）の夜のことを考える。万霊節はいわば基督教の盆祭のようなものだったし、夜になるとリスボンの家々の窓に蠟燭の火をともすところも、この国の盆とよく似ていた。

遠藤周作『沈黙』

ポルトガル出身の優秀な司祭も、日本の精霊信仰や祖霊崇拝を普遍的なものだと合理化していったのだ。

日本人の信仰の「縮図」

潜伏キリシタンは、なぜ隠してまで信仰を続ける必要があったのだろう。

その理由としては、先祖代々の伝統の継承を非常に重んじたこと、受けついできた習慣を放棄すると罰を受ける恐れがあると信じたことなどが考えられる。さらに、交通の便が悪い海辺や離島という集落の立地条件、先人が信仰を命がけで守ってきたことにたいする崇敬心などが入りまじり、日本列島の固有信仰、民間信仰、新旧の外来信仰が並存し、変化しながらも、大切に伝承されてきたのであった。

これまで、潜伏キリシタンやカクレキリシタンの信仰については、カトリック本来の信仰を誤解し、歪めたものだといわれ、神道や仏教と混じることで変容した特異性ばかりが強調されてきた。そのため、カトリックの教義や典礼との相違に目を向け、独自性を認めつつも、特殊で異様なものとして扱われてきたのである。しかし、『沈黙―サイレンス―』の背景にある、呪物崇拝と偶像崇拝、呪術的祭祀や先祖信仰は、日本人の多様な信仰形態の縮図といえるものであり、その心のありようはキリシタン以外の人びとにも共通するものなのだ。

宗教のもつ意味が問い直されている今日、世界宗教と土着信仰の相剋を描いた作品としてはもちろん、二一世紀を生きる私たちと相通じる、キリシタンの複層的な信仰観念を念頭に置きながら、『沈黙―サイレンス―』を観ることをお薦めしたい。

戦後日本「初詣」史

クルマの普及と交通安全祈願

近代初詣の誕生

神社仏閣の初詣の人出は二〇〇八年（平成二〇）に過去最高となる九八一八万人を記録し、翌〇九年には前年を上回る九九三九万人を突破した。

警察庁は〇九年の発表を最後に初詣の人出調査の発表を取りやめたことから、警察庁の記録においてはこの年が過去最多の人出記録となっている。しかしその後も、初詣の人出は衰えをみせていない。

年の始めにあたり、「今年一年がよい年でありますように」と願うことは、多くの日本人にとって、素朴で切実な思いの表れだろう。

ところが、正月三が日に地元の氏神社や菩提寺ではなく、郊外や遠方の社寺に初詣に出掛ける「風習」は、明治時代中期に成立したという説が交通史の立場から唱えられている。その年の「恵方」にあたる社寺に参る「恵方詣で」や、初天神・初不動・初午・初巳などの「縁日」にこだわらない「初詣」という言葉は、一八八五年（明治一八）の『万朝報』記事中の、川崎大師（金剛山平間寺・神奈川県川崎市）への正月参詣を指す際に初めて登場したというのである。

この説は、初詣の「成立」について説得力をもつものだが、現在につながる戦後社会に初詣が「定着」したのは、別の要因が大きかったのではないかと私はみている。一九五〇年代後半、昭和三〇年代から始まる「交通戦争」が、「戦後型初詣」定着のきっかけだったのではないか――。このような仮説を、初詣人出ランキングで毎年上位に位置する成田山新勝寺（千葉県成田市）や川崎大師の近現代史から明らかにしていきたい。

「成田山」の戦中と戦後

例年、明治神宮に次ぐ全国二位、千葉県内一位の初詣参詣者が押しよせる新勝寺は、近世には江戸への出開帳で庶民の信心を集めたが、日清戦争の頃から鉄砲玉から身を守る「身代わり札」で信仰を広めた。

日中戦争が勃発すると、国威宣揚・武運長久を祈禱し、戦勝を祈願したことから、門前町は空前の活況を呈することになる。一九三八年（昭和一三）には戦闘機「新勝号」「成田山号」を陸海軍に献納、また真珠湾攻撃の翌日には献納金をおさめるなど、戦争に積極的に協力した。その後も、戦争の長期化にともない、出征軍人やその家族の参詣は増えつづけていった。

しかし敗戦は、日本人の神仏にたいする崇拝観念を揺るがせ、「大東亜戦争」に積極的に加担した神社神道や仏教諸派は大きな打撃を蒙《こうむ》ることになる。「信教の自由」を保障した新憲法の公布、都市化の進展に伴う人口移動などのなかで、社寺への参詣は積極的にはおこなわれなくなった。戦勝祈願で名をあげた成田山新勝寺への参詣客も、敗戦直後、激減したことは言うまでもない。

こうした戦中の活況の反動は、敗戦から七、八年たつと、初詣を中心に回復に向かう。一九五三年（昭和二八）には元日と二日の二日間だけで一五万人の初詣客があり、正月一か月では約八〇〇万人の初詣客が新勝寺を訪れた。さらに、五五年の初詣参詣者は、正月一か月間で八五二万人以上を数えた。戦後の低調を脱して成田山は次第に隆盛に向かい、この頃から自動車参詣者の増加が顕著になっていくのである。

大晦日から元旦にかけての参詣者数が一一〇万人に達した一九五七年（昭和三二）は、一月一日から二〇日までに駐車場を利用した自動車台数は大型バス等を含めて二万台、利用者は三八万人にもおよんだ。これを国鉄利用者数の一二万人、京成利用者数の一六万人と比べると、いかに車による参詣者が多かったかがわかる。六一年の正月は、三日までの初詣客は約四七万三〇〇〇人、三日間に来た車は約六万三八〇〇台（うち観光バスが約二万五一〇〇台）、大晦日から元旦にかけての車の数は約五万九〇〇〇台に上った。

自動車祈禱殿の流行

こうした自動車の普及を、信仰と結びつけることに最初に成功した寺院が、一九三四年（昭和九）に建立された大阪府寝屋川市の成田山大阪別院明王院（以下、大阪別院）である。大阪別院も、戦前は本山である新勝寺と同様に武運長久祈願で発展を遂げたが、敗戦直後は参詣者が激減し、山内は荒廃していたという。その苦境を救ったのが、交通安全祈願であり自動車祈禱だった。

終戦直後、広島にいる息子の安否を確認するため、現地へ向かおうとする両親が、道中の車の安全祈願を希望したのが、大阪別院で最初の交通安全祈願だった。この祈願が評判を呼んだ大阪別院では、一九四九年（昭和二四）には自動車交通安全祈願専用の仮堂を設置、五四年一二月には、「自動車法楽所」を新設した。翌五五年の初詣には、法楽所に向かう自動車が列をなすほどの盛況をみたという。

新勝寺でも大阪別院にならい、一九五二年（昭和二七）頃には自動車祈禱をおこなっていたとみられ、また五五年頃には「成田山」のお札を業務用の自動車に祀る行為は普及していたようである。戦後の衰退からの脱出、初詣客の増加は、こうした新機軸の導入と結びついてのことだったのである。門前の庭で祈禱をおこなっていた新勝寺でも、六三年一二月に一階を「自動車法楽場」とする第二信徒会館が竣工。自動車祈禱施設は、新勝寺を大本山とする真言宗智山派の寺院に波及していった。

真言宗智山派は弘法大師空海を始祖とし、興教大師覚鑁《かくばん》を開祖とする「新義真言宗」のひとつで、総本山は京都市東山区の智積院《ちしやくいん》、大本山には新勝寺、川崎大師、高尾山薬王院有喜寺《うきじ》（東京都八王子市）が名を連ねる。自動車祈禱施設は、新勝寺と同じ六三年に川崎大師と成田山名古屋別院大聖寺《だいしようじ》（愛知県犬山市）、六八年に高尾山薬王院にも建立された。

川崎大師も例年、初詣客は三〇〇万人近くを数え、全国三位、神奈川県一位の座を維持する。二〇〇五年（平成一七）年四月には、従来の約二・七倍の規模を誇る自動車交通安全祈禱殿が落慶した。このほか別格本山の高幡不動（高幡山明王院金剛寺・東京都日野市）にも交通安全祈願殿があり、「交通安全祈願の本山」を称している。

こうして交通安全祈願と自動車祈禱は、智山派以外の社寺にも採用されていき、戦後社会における宗教界復活の推進力となっていった。

交通安全と初詣の未来

一九六〇年代に祈禱殿建立が集中している理由としては、なによりも自動車の増加が挙げられるだろう。

戦時中に一五万台にまで減少した自動車保有台数は、一九五〇年（昭和二五）前後から増加しはじめる。そして五五年に発売されたトヨタの「クラウン」を皮切りに、「コロナ」（五七年）、「スバル３６０」（五八年）、「ブルーバード」（五九年）といった大衆向け自動車が発売され、マイカー時代が到来。自動車保有台数の増加に伴い、交通事故が急増して、「交通戦争」と呼ばれる事態がおこった。

一九四六年（昭和二一）には全国の交通事故発生件数一万二五〇四件、死者四四〇九人だったが、五八年には前年の五倍の数となる十万を超える交通事故が発生し、五九年には戦後最悪である約一五万件の交通事故がおこり、死者が一万人を突破した。こうした未曾有の事態が交通安全祈願と自動車祈禱に人びとを駆りたて、六〇年代の自動車祈禱専用施設の相次ぐ建立を準備するのである。

自動車祈禱は、新車の購入が多い一、二月に集中する。新年の交通安全祈願や自動車祈禱は、加害者とも被害者ともなり、死と隣り合わせにあるドライバーにとって非常に切実なものだった。自動車がお祓いを受けるとともに、ドライバーと家族や関係者が社殿に昇り、お札やお守りを授かる。こうした祈願行為によって、人びとは社寺にたいして改めて親しみを持つようになり、新年の初詣を欠かさなくなっていく。

また自動車祈禱を受けなくても、一九六〇年前後から一般化した新年の交通安全祈願が、日本人が社寺に初詣に訪れるきっかけになったことは間違いないだろう。この現象は、世界大戦中の社寺の繁栄が、交通戦争で再現されたという見方もできるかもしれない。

真言宗智山派以外でも、初詣参詣者ランキングの上位には、交通安全祈願で知られる社寺が多い。大阪市住吉区の住吉大社は、祭神の住吉大神が海中より出現したことから、海の神として信仰を集め、航海関係者や漁民のあいだで崇敬されてきた。このような海上安全守護神としての性格が、現在は交通安全の信仰に結びつけられている。同様に、福岡県宗像《むなかた》市の宗像大社も、祭神である宗像三女神が「道」を司る最高神とされ、航海・交通の安全祈願の神徳をうたう。神社によると一九六三年（昭和三八）には「全国に先駆けて、車内におまつりする自動車専用の『お守り』を誕生させた」といい、現在も当時のデザインそのままの「交通安全お守り」を授与している。意外に思われるのが「商売繁盛」で名を馳せる伏見稲荷大社（京都市伏見区）である。五穀豊穣、商売繁盛の神である宇迦之御魂大神《うかのみたまのおおかみ》（稲荷神）とともに、交通安全・道中安全の神である佐田彦大神（猿田彦大神）を祭神に祀ることから、伏見稲荷の交通安全守りやステッカーを、京都では見かけることが少なくない。

近年は若者のクルマ離れが叫ばれ、自動車関連業界では悲鳴をあげている。しかし交通安全祈願によって定着した初詣はいまだに衰えてはいない。スピリチュアル・ブームやパワースポット・ブームが、社寺参詣の敷居をかつてないほど低くし、アニメの聖地巡礼という新たな要素も加わった。しかしレジャーや趣味としての社寺参詣があきられたとき、初詣の参詣者も少なくなるのだろうか。

ここで私は、近未来の初詣のSF的なイメージを想像してみる。現在、商品化に向けて具体的に動き出している「自動運転車」が、自らの意思で祈禱を受けるため、初詣に列をなす情景だ。自動車が凶器になり、死と隣接する機械であるという霊的情報が、ロボットカーのシステムに搭載されているとしたら……。

いずれにしても、世界規模の戦争、自動車の普及と交通事故の増加といった、文明文化の転変を反映してきた初詣の盛衰に、こんな将来を想像してもそんなに的外れではないだろう。

大阪万博と知られざる聖地

五五年ぶりの開催

二〇二五年に開かれる万博の開催地が、大阪に決まった。大阪では一九七〇年（昭和四五）三月一五日から九月一三日までの一八三日間にわたり、「人類の進歩と調和」をテーマに日本万国博覧会（EXPO'70）が開催され大成功をおさめている。七六か国が参加し、国内三二団体もパビリオンを開設。開催期間中の入場者は六四二一万人、平均入場者数三五万人におよんだ。三三〇ヘクタールもの会場は、大阪の千里丘陵を切り開いたところだった。

一九四〇年（昭和一五）に予定していた万国博覧会を中止に追いこまれた日本は、戦後復興を成し遂げ、六四年の東京オリンピック開催、国内の経済発展と相俟ち、万博開催の気運が再び盛りあがっていった。一九六四年二月には国会で万国博覧会開催が提案され、大阪からは万博誘致の要望書が政府に提出された。こういった動きを受けて、政府も万博開催の検討を開始、同年八月、「一九七〇年の万博開催を積極的に推進する」ことが閣議決定されたのである。

会場については東京や千葉も候補となったが、六四年七月に「大阪を中心とする近畿地方」での開催を推進する委員会が発足。誘致に向けた活動が本格化し、候補地は近畿に絞られた。そして六五年四月に会場は大阪の千里丘陵に決定した。

二〇二五年の万博は、大阪湾に浮かぶ「夢洲《ゆめしま》」が博覧会場に予定されている。夢洲は、カジノを設けた統合型リゾート（IR）の候補地でもある。この無味乾燥で歴史のない人工島にたいして、大阪万博が開催された千里丘陵には、知られざる歴史と信仰があった。

千里丘陵という地勢

千里丘陵は、大阪府の北摂地域、豊中市・吹田市・茨木市・箕面《みのお》市にまたがる。十キロにわたる低い丘陵には、かつては村らしい村もなく、集落といえば山田村の山田と千里村の佐井寺《さいでら》、新田《しんでん》村の上新田・下新田ぐらいだった。地域の標高は二〇メートルから一五〇メートル足らずで、丘陵の斜面は桑畑などだった。またこの里山は、大阪府下有数の筍と桃の産地でもあった。

この丘陵地にある千里ニュータウンは、日本最初の大規模ニュータウンで、一九六三年に制定された新住宅市街地開発法の初適用など、各地のニュータウン開発に大きな影響を与えた。

千里ニュータウンが開発される際に、開発に反対し除外された地域がある。北大阪急行千里中央駅の南、上新田一丁目から四丁目の約一〇〇ヘクタールだ。

上新田地区は徳川秀忠の治世下、大坂夏の陣の翌年に、武蔵国の代官間宮三郎右衛門の命により開拓された幕府直轄領だった。一九五八年に決定された開発計画に含まれる買収予定地のほとんどは森林や田畑だったが、上新田地区には約一〇〇〇人が居住していた。大阪府は「府民の住宅確保」を主張したものの、ニュータウンの用地買収は難航し、上新田の住民からも反対の声が上がった。大阪府は六〇年五月、専門家会合で、同地区のニュータウン開発を断念。開発反対派住民の説得に時間がかかりすぎるという判断から、山田弘済院地区とともに、用地買収対象から除外することにした。

この上新田には、「千里天神」とも呼ばれる「上新田天神社」がある。祭神は菅原道真と宇迦之御魂大神で、寛永年間（一六二四〜四四年）の創建とされる。新田村の開墾により一六八六年（貞享三）に現在地に社殿が再建され、集落もこの時期以降に形成された。鳥居前に近世の古い家並みが残るいっぽう、社殿の背後には近年建設されたマンションが迫り、近世以来の景観を著しく損ねている。

ヘリコプターからお祓いをした地鎮祭

阪急千里線の沿線には、大阪万博の開催式にかかわりをもった神社もある。

万博会場は開催の三年前に会場作りが始まったが、工事に先立ち、土地を清めるお祓いの神事などが執りおこなわれた。楽人五名、巫女四名で神楽を舞い、伊勢神宮から来た九名の神官によって地鎮祭をおこなうことになったものの、会場が広大だったため一般的な地鎮祭ではお祓いが間に合わなかった。そこで、ヘリコプターに乗って上空からお祓いをするという異例の処置がなされたのである。神官がヘリコプターに乗り、空から清めの塩を撒いて、小学生が作った千羽鶴も空から撒かれたのだった。

この地鎮祭と立柱祭など一連の祭典の斎主は、阪急千里線吹田駅近くに鎮座する「泉殿宮《いづどのぐう》」の宮司が務めた。祭儀に使用された木曽五十年杉の「元柱《もとつはしら》」は、泉殿宮に奉建されて万博の成功を祈念しつづけた。この元柱は現在も境内に祀られている。

なお、泉殿宮境内の「霊泉」は一八八九年にドイツのミュンヘンに送られ、ビール醸造に適しているとのお墨つきを得た。この霊泉と同じ水系の湧水で建設されたのが東洋初のビール醸造工場であり、現在のアサヒビール吹田工場である。

万博会場を含む地域はもともと「山田」と呼ばれるが、伊勢神宮の外宮《げくう》（豊受大神宮）が鎮座する山田ヶ原、現在の伊勢市山田にちなむ地名だといわれる。雄略天皇の時代に天照大神の神託を受けた伊勢の斎宮倭姫命《やまとひめのみこと》の教えにより、大佐々之命が五柱の神を祀る霊地を諸国にもとめ、この山田の地に祀られたのだという。

延喜式神名帳の島下郡の条に「伊射奈岐《いざなぎ》神社」が二座あり、一座は吹田市山田東の「伊射奈岐神社」、もう一座は吹田市佐井寺の「伊射奈岐神社」だといわれる。山田東の社は、万博会場になった地域に隣接する高庭山に鎮座し、「五社宮」「姫宮」とも呼ばれ、旧山田五ヶ村と千里ニュータウンを含む地域の産土神《うぶすながみ》である。もともとは佐井寺のほうにイザナギとイザナミを祀っていたが、平安時代の初めにイザナミを山田に遷して「姫宮」と呼び、佐井寺のほうを「奥宮」と呼ぶようになったと伝わる。

佐井寺の地名は、伊射奈岐神社近くに建つ「佐井寺」に由来する。高台の集落にひっそりと佇むこの寺院は、三蔵法師に師事した僧道昭が七世紀後半に薬師如来を本尊に創建、行基が中興し、かつては延暦寺・清水寺・東寺にも匹敵する大寺だったという。

「太陽の塔」と千手観音

山田東の伊射奈岐神社の北側には、天台の高僧、慈覚大師円仁の創建を伝える円照寺がある。本尊の千手千眼観音像は文徳天皇の念持仏で、清和天皇が秘仏と定めた。醍醐寺の理源大師聖宝が、ときの皇后の病気平癒祈願のため宇多天皇の勅宣を受けて入山し、それ以後は真言の道場となった。

現在、准胝堂《じゅんていどう》に安置されている「准胝観音菩薩立像」は平安時代前期の作で、平安後期の「伝日光菩薩・月光菩薩像」とともに大阪府の文化財に指定されている。円照寺の堂塔はかつて山田全域に建てられ、四キロ四方に十余の僧坊があったと伝わる。そして本尊の千手観音を安置する本堂は、万博会場の「太陽の塔」付近にあったという。

創建以来の本尊像は大正時代に焼失し、本堂の厨子《ずし》内には再興像が秘仏として祀られている。しかし、創建当初の観音像はさぞかし荘厳で、美麗だったことだろう。

岡本太郎による「太陽の塔」は、丹下健三設計の大屋根を貫いて万博のシンボルとしてそびえていた。そこはかつて密教寺院が建ち、古代以来の神社が取り囲むところだった。万博が閉幕し、パビリオンが撤去されたあとも周囲を見下ろす「太陽の塔」を仰ぐとき、金色燦然とした千手観音の姿を私は思い浮かべるのである。

EXPO'70の舞台となった千里丘陵はこうした濃密な宗教空間だった。一九七〇年の成功には神仏の加護もあったかもしれない。それにひきかえ廃棄物や建設土砂の処理場としての歴史しかない夢洲は万博の会場にふさわしいのだろうか。そんな不安と疑問を抱くものである。

日本人にとって「結び」とは何か

正月飾りに秘められた驚きの科学

日本古来の「結び」文化

新天皇の即位に伴う大嘗祭《だいじょうさい》が、二〇一九年（令和元）一一月におこなわれる予定だ。大嘗祭は天皇が即位後に初めておこなう新嘗祭《にいなめさい》で、大嘗祭の前日には、歴代の天皇の魂を鎮める「鎮魂祭（鎮魂の儀）」がおこなわれるはずである。この祭祀のなかには「御魂《みたま》結び」という、木綿の糸を呪術的作法によって結ぶ行事がある。こうした「結び」の呪法は、魂が身体から抜けだすのを防ぎ、またいったん遊離した魂を元にもどすためのものである。

日本人にとって「結び」は、古くから続く精神文化であり、その思想性の高度で複雑な点は、世界でも類例をみないといわれる。年越しから新年にかけては、「結び」を目にする絶好の機会で、門松にしめ飾り、床の間飾りや鏡餅などの正月飾りは、新年になると家々を訪れる、「年神様」を迎えるためのものであり、その多くには水引や飾り紐が結ばれている。初詣に出かけた社寺で、吉凶を占うために引いたおみくじを、木の枝などに結ぶこともあるだろう。また二〇一六年に大ヒットした映画『君の名は。』でも、糸守神社に伝わる「組紐」がストーリーの鍵を握る重要なアイテムになっていたことは、記憶に新しい。

家紋や社紋と結びの多様性

「結び」とは何かについて、この分野の第一人者である額田巌《ぬかたいわお》（一九一一〜九三）は、「3次元空間内の自分自身と交わる閉曲線で、交点数が3つ以上ある」ものだと説明する。しかし、実際の結びではこういった理論的な条件は不十分であり、紐の摩擦力や紐を引っ張る方向、紐の結び方の難易度といったさまざまな物理的な制約が要求される。「一つ一つの結びは、永年にわたる人間の生活の知恵によってできあがっている」と額田は述べている。

日本で「結び」の文化が発達し、継承されてきたのは、「有職故実《ゆうそくこじつ》」によるところが大きい。奈良時代末期から平安時代中期に、朝廷は「格式《きゃくしき》」をまとめ、儀式や行事の決まりごとや用具を細かく定めた。このような朝廷行事が公家に広まり、さらには武家文化から町人文化にまで普及していったのである。

たとえば祝儀や不祝儀の際に用いられる「水引」は、市販のものでは結び方が統一されているが、ほんらいは家ごとの独自の結びかた「家結び」があった。家結びと家紋は関係が深く、皇室の紋章は一六弁の菊だから、結びも一六弁の花形の結びである。

平安時代の陰陽師、安倍晴明は「五行」（木・火・土・金・水）の象徴として、「五芒星」の紋を用いた。五芒星は英語でいうところの「ペンタグラム」で、互いに交差する長さの等しい五本の線分から構成される図形であり、洋の東西で魔術の記号として用いられる。陰陽道でも魔除けの呪符とされ、紐を綾どり、結びの穴を強調して文様化したものだ。晴明の五芒星は「安倍晴明判」や「晴明桔梗《ききょう》」とも呼ばれて、現在も晴明神社の社紋になっている。

「あみだくじ」を幾何学から捉える

額田巖は、こうした文化としての「結び」を科学と結びつけた人物だった。

額田には『結び』『結び目の謎』『結びの文化—日本人の知恵と心』などの著作があるほか、『通信用継電器』『継電器及継電器回路』、あるいは『決断する人のための経営科学入門』『あなたもプログラマになれる—ソフトウェア教育の手引』というタイトルの本も世に送り出している。

早稲田大学理工学部を卒業後、日本電気株式会社（NEC）に入社した額田は、継電方式（スイッチング）の部門に配属され、回路接続から「結び」に興味をもち、本格的な研究を始めた。

日本電気では当時、位相幾何学（トポロジー）が流行していた。位相幾何学は、長さや大きさなどの量的関係を無視し、図形相互の位置やつながりかたなどを連続的に変形させて、その図形の不変な性質を見つけたり、またそのような変形のもとでどれほど異なる図形があるかを研究する学問である。額田は位相幾何学の理論から、多種多様な結びを解析・分類し、独自に図形化することにより、結びの神秘を科学の目で捉えていったのである。

額田はまた、回路網の研究と並行して、「あみだ」の接続についても研究を続けた。「あみだ」というのはもちろん、線の端に「あたり」「はずれ」などを書いて隠し引き当てる、「あみだくじ」のことである。あみだの接続は「群論」によって解明するべきだと考えられていたが、額田は位相幾何学として図形的に解くほうが適していると考え、「結び」の解明にも活かした。

日常に遍在する「結び」の数々

額田の「結び」の追求は、縄文土器の文様、韓国の飾り紐「ノリゲ」、紐に結び目を付けて数を記述する沖縄の「藁算」やインカ帝国の「キープ」といった民族的な結び、さらに犯罪者らを縄で縛る「捕縄術」にまでおよんだ。

インカ帝国のキープについては、ハーバード大学の学生が解読に成功したことが話題になったばかりだが、額田もその複雑な構造と機能に早くから着目していたのである。額田の大きな業績のひとつが、科学捜査研究所の依頼で、凶悪事件で用いられた結びの鑑定をおこなったことである。一九六八年(昭和四三)に発生した三億円事件でも、犯行に使われたカローラと同じ時期に盗難に遭ったブルーバードの紐結びの鑑定をしている。個々人の「結び」の癖は犯罪捜査の重要な要素でもあり、人類史・民族史ともつながる歴史を秘めているのだ。

正月飾りはもとより、日本人なら日々の暮らしのなかで、多種多様な「結び」に出会っていることだろう。これからは「結び」を目にしたとき、科学的な視点で見ることもできることを思いおこしてほしいものである。

Ⅳ

さまざまな民俗学

手帳のなかの庚申塔

宮沢賢治と災害フォークロア

賢治と地震と津波

宮沢賢治が大地震と大津波の年に生まれ、大地震と大津波の年に亡くなったことはよく知られている。

賢治は一八九六年（明治二九）八月二七日に生まれたが、その年の六月一五日に、「明治三陸地震」と「明治三陸大津波」がおこった。岩手県上閉伊《かみへい》郡釜石町（現在の釜石市）の東方沖約二〇〇キロメートルを震源とするマグニチュード八・二から八・五という巨大地震により、地震発生から約三〇分後には、最大で海抜三八・二メートルにおよぶ遡上高の津波が三陸沿岸を襲った。死者・行方不明者は二万一九五九人に達したこの地震と津波をきっかけに、「三陸海岸」という名称が広く使用されるようになったといわれる。

賢治の誕生直後の八月三一日にも「陸羽地震」が発生している。秋田県と岩手県の県境にある真昼《まひる》山地の直下で発生した地震のマグニチュードは七・二、死者二〇九人、全壊家屋は五七九二戸におよび、一万か所近くの山崩れがおこった。この地震の際、賢治の母イチは、嬰児籠《えじこ》のなかの賢治の上に身を伏せ、念仏を唱えていたという。

賢治が亡くなったのは一九三三年（昭和八）九月二一日だったが、同じ年の三月三日には、明治三陸地震と同じく上閉伊郡釜石町の東方沖を震源とする「昭和三陸地震」が発生した。この地震のときにも三陸沿岸を大津波が襲い、死者一五二二人、行方不明者一五四二人におよぶ大災害となった。賢治は、詩人の大木實《みのる》に宛てた三月七日消印の葉書に、次のように記した。

> この度はわざわざお見舞をありがたう存じます。被害は津波によるもの最多く海岸は実に悲惨です。私共の方野原は何ごともありません。何かにみんなで折角春を待ってゐる次第です。まづは取急ぎお礼乍ら。

賢治の弟の清六は、「このように賢治の生まれた年と死亡した年に大津波があったということにも、天候や気温や災害を憂慮しつづけた彼の生涯と、何等かの暗合を感ずるのである。／

賢治は、荒ぶる自然の申し子のようにこの人間界に生まれ、科学や宗教をより所として、実践的に自然災害に関わるようになります」（「兄賢治の生涯」）と述べる。けれども賢治が、地震や津波を童話や詩篇の主題にした例は、それほど目立つものではない。

一九二三年（大正一二）九月一日に関東大震災がおこったとき、賢治は花巻にいた。そして東京、横浜を襲った未曾有の災害をめぐって、『春と修羅』に収められた「宗教風の恋」と「昴」を書いている。

東京の避難者たちは半分脳膜炎になって
いまでもまいにち遁げて来るのに
どうしておまへはそんな醫される筈のないかなしみを
わざとあかるいそらからとるか
いまはもうさうしてゐるときでない
「宗教風の恋」

市民諸君よなんてふざけたものの云ひやうをするな
東京はいま生きるか死ぬかの堺なのだ
「昴」

この二篇の詩においても、地震という現象は詩的に象徴化されることなく、ただ剝きだしのままである。

宮沢賢治は東北の民間伝承や民間信仰にもとづく童話や詩をいくつも残してくれているけれど、そうしたなかに、フォークロアと災害を結びつけて物語を編み、詩篇に昇華したという例はあるだろうか。

岩手県の遠野地方には、「不地震地」という地震の際にも揺れることがなく、そこに逃げこむと安全だとされる伝承地がある。柳田国男の『遠野物語』にも、そのなかのひとつ、土淵村和野《わの》の不地震地が登場する。

一一三　和野にジョウヅカ森という所あり。象を埋めし場所なりといえり。ここだけには地震なしとて、近辺には地震の折はジョウヅカ森へ遁げよと昔より言い伝えたり。ここは確かに人を埋めたる墓なり。塚のめぐりには堀あり。塚の上には石あり。これを掘れば祟りありという。
○**ジョウヅカ**は定塚、庄塚または塩塚などとかきて諸国にあまたあり。これも境の神を祀りし所にて地獄の**ショウツカ**の奪衣婆の話などと関係あること『石神問答』に詳らかにせり。また象坪などの象頭神とも関係あれば象の伝説は由なきにあらず、塚を森ということも東国の風なり。

『遠野物語』の成立に関与した遠野在住の人類学者伊能嘉矩《いのうかのり》も、『遠野史叢 第四篇』として「猿ヶ石川流域に於ける不地震地」(一九二四年・大正一三年)という論文を発表している。

伊能は、東京帝国大学人類学教室で坪井正五郎から人類学を学び、一八九四年(明治二七)に東京人類学会例会でおこなった講演の演題は「オシラサマに就きて」だった。伊能は、「猿ヶ石川流域に於ける不地震地」で一二か所の不地震地を挙げる。そのなかの上閉伊郡小友村の二か所の不地震地には「行灯森《あんどんもり》」という名前が付いているが、それは「安堵森《あんどもり》」の転訛であろうと推測する。

遠野の不地震地については、佐々木喜善も関心を寄せていたが、佐々木と交流があった宮沢賢治は、「地震がおきない塚や森」というユニークな民間伝承を作品化することはなかったようである。

ザシキワラシと白髭水《しらひげみず》

柳田国男に『遠野物語』のもとになる民譚を話しきかせた佐々木喜善は、『ザシキワラシの話』のなかで、「カッパとザシキワラシは同じものだ」という証言を列挙している。遠野とその近郊では、ザシキワラシを飢饉により没落した旧家に宿っていた霊として、あるいは池や沼に棲む精霊として捉えている例が少なくないのだ。

賢治には四話からなる「ざしき童子の話」という童話があるが、ここに登場するザシキワラシはどれも牧歌的で、民譚から導きだされた生々しさは感じられない。また「ペンネンネンネンネン・ネネムの伝記」にもザシキワラシが出てくる。この童話のザシキワラシは、世界裁判長におさまったネネムの前に連れてこられる被告のひとりである。「せいの高い眼の鋭い灰色のやつで、片手にほうきを持っ」て、「ザシキワラシ。二十二歳。アツレキ三十一年二月七日、表、日本岩手県上閉伊郡青笹村字瀬戸二十一番戸伊藤万太の宅、八畳座敷中に故なくして擅《ほしいまま》に出現して万太の長男千太、八歳を気絶せしめたる件」というふうに、身元と罪状を報告される。このザシキワラシは罪状を認め、ネネムから「出現罪」を宣告される。そして「七日間当ムムネ市の街路の掃除を命ずる。今後はばけもの世界長の許可なくして、妄《みだ》りに向う側に出現することはならん」と告げられる。

宮沢賢治が災害フォークロアと最も近づいたのは、「白髭水」という怪異伝承においてであろう。「白髭水」あるいは「白髪水」と呼ばれる災害伝承は、大津波に先立ち、白髪や白髭の老人が現れて水害を予告した、あるいは洪水や山津波の波頭に、白髪白髭の翁が乗っていたというものである。

柳田国男は『遠野物語』でも「白髪水」についてふれている。第二八話の注に、「北上川の中古の大洪水に白髪水というがあり、白髪の姥《うば》を欺《あざむ》き餅に似たる焼石を食わせし祟りなりという」と記される。また『女性と民間伝承』(昭和七年・一九三二)でも、この伝承について詳しく論じている。

東北地方の人たちは、これまで言うとあるいは思い出されるかも知れませぬが、秋田の雄物川でも、津軽の岩木川でも、岩手の北上川でも、会津の阿賀川でも、またその他の小さな川でも、昔のいちばん大きかった洪水を、たいていは白髪水、または白髭水と名づけて記憶しているのであります。(中略)その中には白髪の異人が現われて、それに無礼をした祟というのもあれば、大水の出はなに、白い毛を長く垂れた神様が、水の上を下って来られる姿を見たとか、または山から岩を蹴りながら、水の路を開い

――て下されたとかいって、以前は水の滸にその祭をしていたらしいのであります。――

柳田が、「秋田の雄物川でも、津軽の岩木川でも、岩手の北上川でも、会津の阿賀川でも」と記すように、この伝承は東北地方に集中している。これは東北に住む人びとにとって、大水害は繰返し襲いくるものであり、その予兆をできればつかみたいと思っていたからにほかならない。とくに数多くの伝承が残る北上川流域で、この怪異現象が文献に最初に登場するのは、『吾妻鏡』に記録された宝治元年（一二四七）のものである。また享保九年（一七二四）八月一四日の北上川の洪水でも、長雨が大雨となり、流域全体に洪水をひきおこして、「此ノ水、盛ト出ル時白髭ノ老人水上ニ見エタリ」と記されている。

賢治が早池峰《はやちね》登山の経験をもとにして書いた「河原坊（山脚の黎明）」（『春と修羅　第二集』）には、次のような一節がある。「あゝ見える／二人のはだしの逞しい若い坊さんだ／黒の衣の袖を扛げ／黄金の唐草模様をつけた／神輿を一本の棒にぶらさげて／川下の方へかるがるかついで行く／誰かを送った帰りだな（中略）こゝは河原の坊だけれども／曾ってはこゝに棲んでいた坊さんは／真言か天台かわからない」。この詩には白髭の老人は出てこないが、早池峰登山における神秘的な体験を、賢治は佐藤隆房に伝えていた（『宮沢賢治―素顔のわが友』二〇一二年）。

「僕はもう何べんか早池峰山に登りました。あの山には、御承知かもしれませんが、早池峰の七不思議というのがありまして、その一つに河原の坊という所があります。(中略)先年登山の折りでした。僕はそこの大きな石に腰を掛けて休んでいたのですが、ふと山の方から手に錫丈《しやくじよう》を突き鳴らし、眉毛の長く白い、見るからにすがすがしい高僧が下りて来ました。その早池峰に登ったのはたしか三年ばかり前なのですが、そのお坊さんに会ったのは何でも七百年ばかり前のようでしたよ」と言いました。

賢治は「河原の坊」について、早池峰山の登山口で、岳川の清流の岸辺にあり、何百年か前には天台宗の大寺院があったこと、修験僧が大勢集まって随分と栄えたこと、そこではいまでも黎明のときに、読経の声がするといった噂などを語る。

この早池峰山には次のような白髭水伝承が残っている。早池峰山が妙泉寺という寺院に管理されていた時代のこと、妙泉快元和尚が餅を焼いていると山姥《やまんば》が現れ、餅を食べ、酒を飲みほして姿を消した。快元は仕返しをしようと思い、川原で餅によく似た石を拾い集めて、酒器には油を入れておいた。夜にまた山姥がやってきたので、和尚は山姥の口の中に石を投げ入れ、油を注いだ。山姥は苦しみながら山中に逃げこんでいった。しかし、それから三日三晩、暴風雨が続き、山中に大津波がおこって妙泉寺を押しながしてしまった。大津波の直前、波頭に白髭の翁が立ち、歌をうたいながら激流とともに流れさっていった。そこで人びとはこの洪水を「白髭水」と呼ぶようになったという。

七庚申と五庚申

農業を中心に思想を組み立て、農民の救済を願った宮沢賢治が最も恐れていた災害は、冷害による飢饉であった。『グスコーヴドリの伝記』でも、主人公の飢饉体験、冷害の予防が物語の中核を占める。賢治は、河童やザシキワラシが民衆の飢饉体験から生みだされたと考えてはいなかったみたいだが、不作を恐れて、避けることを願う民間信仰には興味を抱いていたようである。

賢治の「文語詩稿　一百篇」の中に「庚申」という詩がある。

歳に七度はた五つ、　庚の申を重ぬれば、
稔らぬ秋を恐みて、　家長ら塚を理めにき。

汗に蝕むまなこゆゑ、　昴の鎖の火の数を、
七つと五つあるはたゞ、　一つの雲と仰ぎ見き。

ここで賢治が採りあげているのは、一年に七度、あるいは五度、「庚申」がある年には、「稔らぬ秋」を恐れて、庚申塚を盛るという民間信仰である。賢治の詩ではほかにも、「郊外」(『春と修羅・第二集』)のなかに「毬をかゝげた二本杉／七庚申の石の塚」という一節がある。

庚申は干支のひとつで、六〇年ごと、また六〇日に一度訪れる。庚申の日には、人間の体内にいる三尸虫《さんしちゆう》が、人が寝ているうちに天帝に悪事を報告しにいくとされ、それを防ぐため、夜通し眠らずに「庚申講」を開くのである。

庚申講の本尊は青面金剛《しようめんこんごう》や猿田彦神で、庚申講を三年一八回続けた記念に、石造の「庚申塔(庚申塚)」を建立する。庚申塔には、青面金剛の足元に「みざる」「いわざる」「きかざる」の三猿を彫ったものが多いが、文字だけを刻んだものも少なくはない。庚申の日は六〇日目にめぐってくるため、一年に六回あるのが普通だが、何年かおきに、五回の年と七回の年がある。『民衆宗教史叢書　第十七巻　庚申信仰』によると、「七庚申」あるいは「五庚申」と刻んだ庚申塔は、東北地方の庚申信仰の特色で、なかでも花巻の周辺に最も集中しているのだという。

賢治は、「庚申」の詩によると、「七庚申」も「五庚申」も凶作になると考えていたようである。花巻の民間信仰においては、賢治と同じように、「七庚申」「五庚申」ともに冷害や飢饉の恐れがあるというものと、「七庚申」は豊作、「五庚申」は凶作になるという二つの説がある。いずれにしても、「七庚申」の年にはとくに庚申の祭を盛大におこない、供養塔を建てる風習があった。

賢治が遺した、「雨ニモマケズ手帳」の最終の見開きには、「湯殿山《ゆどのさん》」「早池峰山」「巖鷲山《がんじゅうさん》」といった東北の霊山の文字碑のスケッチとともに、「七庚申」「五庚申」という色鮮やかな書きこみがある。この手帳の書かれた一九三一年（昭和六）は、太陽暦では「七庚申」の年で、一二月三一日が庚申で、その前の庚申が一一月一日だった。

「雨ニモマケズ」をメモしたこの手帳のほぼ最後のページに、賢治がこのような色文字を書いた理由は定かでない。しかし詩篇「庚申」で表したことからみても、この色文字が農業を思い、冷害や水害がなく、豊作になることを願ってしたためられたことは間違いないだろう。花巻の「七庚申塔」「五庚申塔」のなかには、文字碑の上に着彩した例もみられるという。賢治は、災害伝承を作品化しなかったけれど、手帳のなかに庚申碑を建立したのだった。

「青」のフォークロア

谷川健一をめぐる風景

日本の地名における「青」は、谷川健一がつよくこだわったものであり、「青」の地名をめぐる旅は、谷川民俗学の大きな魅力のひとつである。谷川は「青」と書いて、「アオ」や「オウ」、「オオ」と呼ぶ地名について、繰りかえし言及している。「青」はそこで、緑なす山や、微妙な色をした水を湛える海であるとともに、「おお」と讃嘆の声を上げたくなるほどに古い土地だった。

沖縄本島とその属島には奥武《おう》という名のつく所が七つある。……奥武《おう》島は「琉球王国由来記」や「琉球国旧記」にアフ、アウ、アホと表記されていて、漢字では一部、阿烏、阿符の字が宛てられるが、青という字を宛てるばあいがもっとも多い。そこで奥武島はもと青の島ではないか、という考えが成り立つ。

谷川は仲松弥秀《なかまつやしゅう》によるとして、沖縄にはかつて、死体を洞窟墓に風葬する風習があり、奥武島も死体を運んで葬《ほうむ》った島だったと述べる。この洞窟墓のなかの死者の世界は「真暗でもなく、赤や白のように明るくもなく、その中間であるぼんやりした黄色な世界であることから、それを青と称した」と仲松は推測した。さらに、沖縄では近代に入ってからも「黄色という呼称はなく、黄色をアオと呼んでいた」と谷川は指摘する。沖縄では「青の島」は、死者が葬られた島につけられた名前だったというのである。「葬制」は習俗のなかで最も変化が少ない。だから、本土の海岸や湖沼にある「青」が付く地名で、死者の埋葬地や海人の生活とかかわりがあるなら、南方から渡ってきた民族が本土の海辺に定住した痕跡を確かめられるのではないか、と谷川は考えた。

柳田国男が、南方から稲作技術をたずさえてやってきた人びとの足跡をつかむために、クメ、クミ、コミなどコメの類縁語が本土の地名にどのように残っているかを調べて、「米の島考」を書いたことにあやかって、私も本土に見られる「青」の地名をたどってみたいと思った。

こうして谷川健一の「青」をめぐる旅は繰りかえされたのである。

若狭の「青」

私自身、近年の旅のなかで、なかば無意識のうちに、「青」のつく地名に引き寄せられていることが少なくない。「青の地名で見すごすことのできないのは福井県大飯《おおい》郡高浜町の青である。『和名抄』の大飯郡青郷《あおのごう》である」と谷川が記すところにも、私はなんども訪ねたことがある。

高浜町の「青」の北側にそびえる「青葉山《あおばやま》」には、鎌倉時代の優美な馬頭観音を本尊とする中山寺《なかやまでら》がある。また京都府舞鶴市側の山腹には、西国三十三箇所観音霊場第二九番札所松尾寺《まつのおでら》が境内を構える。中山寺の最寄り駅の名は「青郷《あおのごう》」、町の東部には式内社「青海《あおうみ》神社」が鎮座する。谷川が言うように、いま若狭湾から離れているものの、「青郷」はもともと海岸まで含む地域だった。さらにこのあたりには、六世紀後半に造られた古墳が集中している。「ここにおいて若狭の『青』というところが、一つには海人と関係があり、二つには死者との関係があることがわかる」と谷川は言う。

日置川と関屋川が合流するところにある青海神社は、神武天皇東征の際、天皇と速吸門《はやすいのと》（豊予海峡）で会い、海路を先導した「椎根津彦《しいねつひこ》」を祭神に祀る。しかしそれは、若狭国小浜《おばま》藩士の子として生まれた国学者伴信友《ばんのぶとも》の考証にもとづくもので、ほんらいの祭神は詳らかにしないとして谷川は次のように述べる。

> 筑前志賀島《しかのしま》の志賀海神社を「志賀にいます海神《わたつみ》社と呼ぶように、青海神社は「青にいます海神社」というべきである、と伴信友は唱えている。志賀海神社は安曇《あずみ》族の奉斎する神社である。海神社は海人族の祀る神社を考えてよい。「記紀」に登場する椎根津彦《しいねつひこ》をわざわざ持ち出すまでもない。

青海神社の神域の奥まったところに、青葉山の遥拝所がある。谷川が「この山もかつて青郷の漁夫たちの山アテになっていたことは若狭富士と呼ばれる秀麗な山容からただちに推察できる」と書いた風景を、いまでもたしかに望むことができる。

福井県神社庁の青海神社の由緒書には、『若越小誌』により「履中《りちゅう》天皇の青海皇女は飯豊《いいとよ》皇女又、飯豊青皇女《いいとよあおのひめ》とも云ひ、若狭に御名代りの地を有せられり。阿袁《あお》郷即ち是にして、其郷名之より起る」とされる。さらに、社殿の後方の窪地は「禊池《みそぎいけ》」と呼ばれ、飯豊青皇女が禊《みそぎ》をした泉の跡だと伝え、毎年七月一日には「池水替え神事」がおこなわれる。また、青海神社と青葉山を結ぶ線上には、石剣《せっけん》・石戈《せっか》の出土地や前方後円墳が点在している。

志摩の「青」

三重県志摩郡にも「青」を冠した地名がある。

志摩には延喜式内社として「粟島坐《あわしまにいます》伊射波《いざわ》神社」二座と「粟島坐神乎多乃御子《かむおたのみこ》神社」がある。谷川によると「粟島」という地名はいまこのあたりに見当たらないものの、磯部町の字恵利原《えりはら》に「青」というところがあり、『志摩国旧地名考』（一八八三年）にも恵利原に「青」とも「青山」とも呼ぶところがあるのだという。そして志摩郡の磯部町には霊場として知られる「青」の山がそびえる。

磯部町の正面にある「青の峯」は、この青という地名に由来する。それは三三六メートルの高さしかないが、青の峰の頂上に立つと、大王崎《だいおう》や安乗岬《あのり》が一望に見渡せ、志摩の漁師たちが海上から山アテの目印にする山である。「青の峯」の正福寺《しょうふくじ》金堂に掲げられた絵馬は、尾張や伊豆など全国の漁師が海難をまぬがれたことを感謝して奉献したものである。

こういった絵馬のなかには、伊豆諸島の南端「青ヶ島」近くの明神礁《みょうじんしょう》が爆発したとき、遭難を免れた船の乗組員が奉納したものもある。「青の峯」の「青」は、黒潮に乗ってきた海民と何がしかの関わりがあるのではないかと、谷川は思いをめぐらせる。

「青の峯」の山腹にある「青峯山正福寺」の縁起によると、志摩国の鳥羽は江戸時代、伊勢湾から江戸、大坂に出ていく船の風待ちの湊として栄え、青峯山は海上からの目印だった。山内にある「燈明岩（燈明石）」では、毎夜護摩を焚いて海上安全が祈られた。そしていまでも、海が荒れた闇夜には、燈明岩から光が差し、遭難船を導いてくれるという。この光の「正体」は正福寺の秘仏本尊十一面観世音で、相差《おうさつ》の海上から鯨に乗って現れ、四方を光で照らしながらこの山に飛来したのだと伝えている。

対馬の「青」

谷川は、「長崎県対馬市青海《おうみ》」という集落で、「青」という地名と両墓制の関連をみる。ここでは「詣り墓は寺の裏山にあるが、いわゆる捨て墓となっている埋葬所は、集落の前の水平線が一望に眺められる海ぎわにある。この青海という地名も、南島の青《おう》の島と同様に、死者の葬所と無縁につけたのではなかろう」と谷川は考えた。

青海は対馬のなかでも、古い習俗を伝える集落として知られる。男子の誕生と健やかな成長を願って海岸に石を積む「ヤクマの塔」という風習が、毎年、旧暦六月(新暦七月)の初午の日におこなわれる。「ヤクマの塔」は隣村の木坂《きさか》にも残る。青海の両墓制では死者を海辺に埋葬するが、木坂では山に埋葬するのだという。

木坂には対馬国一宮《いちのみや》の「海神神社《かいじん》」が鎮座する。『延喜式神名帳』には対馬に「和多都美神《わだつみ》社」と「和多都美御子《わだつみみこ》神社」の名が見え、海神神社は和多都美神社の論社とされる。ここもまた古い「海神社」であったことは間違いない。現在祭神に豊玉姫命《とよたまひめのみこと》を祀るものの、中世以降は

「八幡本宮」「上津八幡宮」と呼ばれていた。

「青」の現在

対馬の青海に向かうタクシーの窓からチェジュ島（済州島）の島影が見えた。遺跡や伝承に詳しい地元のタクシードライバーは、海の向こうに浮かぶ島影を見るたび「常世《とこよ》」という言葉を思い浮かべるのだと言う。海神神社では、二〇一二年（平成二四）十月、宝物殿に収蔵されていた銅造如来立像が盗まれた。

青葉山中山寺の境内からは若狭湾の向こうに大島半島を見下ろすことができる。「ニソの杜」という祖霊信仰の聖域で知られるこの半島は、九世紀の初めまでは完全な島であり、谷川はこの「大島」も「青島」と呼ばれたかもしれないという。半島の突端に建つ大飯《おおい》原子力発電所は、二〇一一年三月の東日本大震災にともなう福島第一原子力発電所の事故を受け、その再稼働が議論を巻きおこした。

青峯山正福寺を降りてしばらくゆくと、近鉄志摩線の上之郷《かみのごう》駅に出、そこには伊勢神宮の別宮「伊雑宮《いざわのみや》」が鎮座する。伊勢神宮で二〇年毎の式年遷宮がおこなわれた二〇一三年には、伊雑宮への参詣者も数多くみられた。同じ年、私が訪ねた正福寺はひっそりとして、渡廊に飾られた奉納絵馬の数々も、その絵柄が薄れてきていた。

「青」の地名は歴史に左右され、時代の趨勢のなかでゆっくりと、あるいは激しく揺れ動いているのである。

*引用はすべて『日本の地名』(一九九七年)による。

写真と民俗学者たち

「民俗と写真」座談会

日本の民俗学は柳田国男が創めた学問領域であり、宮本常一も二〇代前半に柳田の薫陶を受けた。この民俗学が「写真撮影」についてどのように考えたかを示す興味深い座談会がある。

雑誌『写真文化』の一九四三年（昭和一八）九月号では、「民俗と写真」という特集が企画され、柳田国男のほか、写真家の土門拳、濱谷浩《はまやひろし》、坂本万七《まんしち》、美術研究者の田中俊雄による座談会が掲載されている。太平洋戦争中のこの年、柳田は満六八歳。戦後すぐに刊行されることになる『先祖の話』を書きはじめる直前だった。

アルス社が発行元の『写真文化』は、一九四一年（昭和一六）、雑誌統合令により同社の『カメラ』と『カメラクラブ』、玄光社の『写真サロン』がひとつになり創刊された。「民俗と写真」特集掲載号のもうひとつの特集は、「写真と宣伝　対内・対外宣伝として発表された宣伝写真集」だった。

この座談会を企画したのは、写真家で編集者でもあった石津良介（一九〇七〜八六）で、岡山市出身の石津は、ファッションブランド「VAN」の創業者石津謙介の実兄にあたる。植田正治、緑川洋一らと「中国写真家集団」を組織し、一九三八年（昭和一三）『カメラ』の編集長だった高桑勝雄の誘いで上京し、同誌の編集者となった。統合後の『写真文化』では編集長を務めた。

「民俗と写真」座談会で、記者（おそらく石津自身）は柳田にたいして、写真技術は民俗学の資料収集のどういうところから手をつけたらいいか、と質問した。すると柳田は、民俗学のマテリアルは「目で見るもの」「耳で聞くもの」「心の感覚で直接感ずるもの」の三つからなり、現在の民俗学は目に見える「有形文化」だけではなく、「無形文化」の材料も写真で撮ろうというところまでいっていると答えた。そして「言葉に言い表わせないけれど、写真ではピンと頭に感ずるようなもの」があるといい、「例えば同じ篤実な人間、人情のある人間といっても、都会人の顔付きと田舎の人の顔付きとは違う。そればかりでなく田舎といっても、地方によって特徴がある」という指摘をする。そして会ってみて優しい人だと思った、「その優しさといったものが失われずに、写真に撮れるような時代が来たら、われわれの学問が進む」だろうと期待を述べるのである。

いっぽうで柳田は、写真家が写真を撮る際の、被写体との関係について不満を口にする。「相手に撮ることを意識させると不自然になる。農民などでも自然にあるものが、撮ることを意識させると全く違ったものになるのです」と言い、座談会の出席者である濱谷浩（一九一五〜九九）の写真を例に挙げる。「例えば、あなたの初山入りのところで木を伐っているところがありますね。あれは写真を撮られているなということを意識しているものだから態度が違うのです」。ここで柳田がコメントしているのは、濱谷浩の代表作である新潟県中頸城《なかくびき》郡桑取谷《くわとりだに》の民俗行事を撮った一連の写真についてである。一九五六年（昭和三一）に写真集『雪国』として出版されたこの写真シリーズは、『写真文化』の一九四二年一二月号に「民俗の記録――新潟県中頸城郡谷濱村字西横山の正月」と題して発表されていた。柳田は、「日本人は五つぐらいの子供からお婆さんに至るまで、狙っているなと気づいたら、ピッと変ってしまう。ちょっとこう写真機を構えられると、鋭敏に変化してしまう」と指摘する。そして、濱谷が撮った雪の中を歩く若い猟師の写真に、写真家の「演出」的な姿勢を感じたのである。

土門拳と柳田国男

座談会出席者のなかで、柳田と最も突っこんだ議論を戦わせたのは土門拳（一九〇九〜九〇）であった。一九三九年（昭和一四）に名取洋之助と対立して日本工房を退社した土門は、戦時色が濃くなるなか、室生寺や文楽といった被写体に取りくんでいた。

土門は柳田の発言を受けて、「本当のスナップというものは、今までのカメラの機能ではだめだ、写っておったところで非常に貧弱なものしか撮れない、写真から来る迫力が非常に弱くなる」、だから「ある瞬間の非常に自然なようすを把握する」ことは諦めて、やめてしまったというのだ。そして、たとえば下駄屋の職人を撮る場合には、下駄屋の職人としての「最も典型的な態型」「生活様式なり労働様式」を出す方向に妥協していったのだという。言いかえればそれは、「瞬間的なものよりも、むしろ最大公約数のもの」を出していこうという土門なりの決断であった。

しかし、気鋭の写真家土門にたいする柳田の反論は手厳しかった。「そこにまだ考える余地がありますまいか、川端龍子《りゅうし》、武者小路《むしゃのこうじ》実篤《さねあつ》を撮るのはよいですが、下駄屋の職人一人を撮って、これで下駄屋の職人を得たということは問題です。そこには自分を慰める態度がありはしませんか」と指摘する。柳田は、民俗学においては対象との関係はいつでも「ゼネラル」であり、個性を探るのではなく、社会文化の研究を対象としているので、「伝承というような一般的なもの」を知ることが目的だというのだ。土門が「僕は一つのものの中に全体を出そうということでやっています」と主張するのにたいして、柳田は「それが東洋風の昔からのやりかたで、ここで真髄を得たとか、本物を摑えたとかいって諦めていた」と批判をゆるめない。そして田中俊雄が、柳田の方法論が「帰納」だからではないかとたずねたことにたいしては、このように答えている。「善かれ悪かれ、私のは帰納しかやりませんから、帰納は多い材料から取らなければ出来るものじゃないので、そこは違う点ですね」。柳田が写真技術に期待した「個性を探るのではなく、社会文化の研究を対象」に、帰納的に写真を撮るというありかたは、この座談会からだいぶのちに、宮本常一が実践したのであった。

柳田国男の写真

柳田の発言で興味深いのは、柳田自らが撮った写真についての発言である。自分自身の写真の話については失敗談ばかりになる、十年か一五年前に写真の必要を感じていたら、もう少し練習していただろう。でも写真にお金はかけないし、撮りかたもぞんざいだった。「みんな寄ってたかって、先生には写真を撮るのはやめてもらおう、こんな拙いものばかり撮るんじゃあと言われる（笑声）」「私の撮った写真で利用されたのは一つもない」と自嘲するのだった。

大藤時彦・柳田為正《ためまさ》編『柳田國男写真集』（一九八一年）は、想像がつくとおり、柳田が撮影した写真を収録したものではなく、柳田の姿をほかのだれかが撮った写真を集めたものである。写真集収録の柳田の長男為正が書いた「父と写真」には、柳田が意外なことに複数台のカメラを所持していたことが明らかにされている。為正が家で見たのは、イーストマン・コダック社製ロールフィルム用の「古ぼけたカメラ」、ドイツ製「テナックス」モデルのアトム判「フィルム・パック用カメラ」、レフレックス型カメラといったものである。しかしこういったカメラは、長女が庭で猫のタマを撮るためや、為正が井の頭公園の池で小学校の級友たちとアヒルを撮るために用いられた。そして為正は、柳田自身がカメラを使う姿は見たことがなかったという。

柳田家にはカメラのほかにも、三脚やセルフタイマー、現像皿、メートルグラス、木製の大型クリップ、天日利用式の印画焼き枠といった器具もあった。さらにはアルス社が刊行した撮影入門、国際委任統治委員としてのジュネーブ滞在中（一九二二〜二三年）に購入したフランス語とドイツ語による写真手引書もあった。この写真集を編集した際、為正も初めて目にしたという、柳田が一九二三年（大正一二）にジュネーブで撮った貴重な写真が一点収録されている。屋外のテーブルを囲んだ八人の東洋人を、下から仰いで撮った写真である。そこには「此は七月三十一日の誕生日にサレブの山に友人たちと登つて自分でとつた記念写真　何と立派な腕前でしやう」という柳田のコメントが記されている。

写真と柳田の弟子たち

柳田の学問上の弟子たちに目を向けたとき、彼の「写真」にたいする微妙なスタンスが垣間見えてくる。柳田民俗学の継承者には、絵を得意とするものが少なくなかったのである。マルクス主義者から民俗学に転じ、戦後は生活協同組合を創った橋浦泰雄（一八八八〜一九七九）は、挿絵画家としても活動し、富岡鉄斎に師事しようとしたこともあった。「民間伝承の会」の創立に参加し、雑誌『民間伝承』の表紙を自らが描いた絵で飾った。早川孝太郎（一八八九〜一九五六）は故郷に近い愛知県奥三河の「花祭」を調査し、一九三〇年（昭和五）に『花祭』を刊行。この民俗芸能のようすを捉えた一連のスケッチはみごとなものである。

昭和の初めに「考現学」を提唱した今和次郎《こんわじろう》（一八八八〜一九七三）は、柳田の勧めもあり、関東大震災以前に民家研究者として世に出た。今もまた東京美術学校図按科出身で絵が巧みだった。今は、関東大震災から二、三週間後に、上野や浅草に建ちはじめたバラックを最初、カメラで撮影した。しかし、その後はカメラをペンにもちかえ、得意とするスケッチでバラック建築の変貌を記録するようになる。彼らに共通するのは、「有形文化」のなかにも「無形文化」を見ようとする、柳田譲りの視点だった。それを実現するには、写真よりも絵やスケッチのほうが有効だったということだろう。

宮本常一以前の民俗学者では、折口信夫（一八八七〜一九五三）が写真撮影に熱心だった。國學院大學折口博士記念古代研究所には、折口が一九二一年（大正十）と二三年、一九三五年（昭和十）末から三六年初めに、沖縄県各地を踏査した際に撮影した写真約二五〇点が所蔵されている。一九二三年には三上永人《みかみえいじん》、一九三五年（昭和十）、三六年にはのちに養子縁組を結ぶことになる藤井春洋《はるみ》が折口に同行した。このためこのときの写真の中には、三上や藤井が撮影したものもある可能性を考慮する必要がある。折口は、大正時代におこなった二度の民俗踏査をノートに書きのこし、的確で詳細なスケッチをそこに添えている（「沖縄採訪手帖」「沖縄採訪記」）。そして撮影対象によっては、スケッチとともに写真でも記録していたのだった。折口の沖縄写真は、撮影者について不明な部分がある点も含め、評価をくだすことは難しい。しかしそのなかには、たんなる民俗記録におさまりきらない、強い個性を感じさせるものもある。「民俗と写真」座談会で、柳田は写真にたいして次のような期待を述べていた。「もっと軽い感情の動きですね、小さな軽蔑とか小さな愉快さといったようなものを撮ろうという場合、それはどうもスナップでなければいけませんし、正確とは行かないまでも、何かそれを永久にするような方法があると、われわれの学問の対象も非常に発達するのです」。こういった方法論は、その後の民俗学者や写真家たちに委ねられることになった。しかしそれが実現されたかどうかは、まだ検討しつくされてはいない。

東北に向けた考現学のまなざし

今《こん》和《わ》次《じ》郎《ろう》と今純《じゅんぞう》三

青森に住む画家の弟から、東京で学者をしている兄に宛てた一枚の葉書がある。葉書にはアトリエから見える北国の冬の風景が、細かい線でびっしりと描きこまれ、余白にはこのように書き添えられている。

「『考現学採集』正に落手いたしました。「青森の乞食」ありがとうございます。全巻をよく読んだ上感想を申し上げたいと存じます。鰺ヶ沢から鰰《はたはた》の「ブリコ」が到着しましたから御風味

今純三「自宅アトリエノ窓外風景」

願いたく本日御送りいたします。」（原文は平仮名・片仮名まじり）

この葉書のスケッチが描かれたのは一九三一年（昭和六）一二月三〇日の午前十時。差出人は今純三（一八九三〜一九四四）、宛先は純三の兄で考現学の創始者として知られる今和次郎である。

小さな画面をのぞきこむと、夥《おびただ》しい情報量に目を奪われるとともに、そこに住む人しか伝ええない、昭和初期の津軽の風土と風俗が鮮やかに切りとられていることがわかる。自宅アトリエの前に建つトタン葺の民家。その前を飴売りが笛を「ピー　ピピピピー」と鳴らしながら通りすぎる。何本も引かれた「吹き出し」のなかには、向かいの民家とその周囲のようすが、これでもかというくらい細かく綴られる。

縄で縛った葡萄の木、鶏小舎、雪囲い、雀六羽、干された鰯、用の済んだ選挙ポスター……。物干し竿には、「子どものエプロン、赤のへこおび、おしめ、白の襦袢《じゆばん》、桃色の腰巻等等」が吊るされている。アヒルの鳴き声が絶えず聞こえ、民家の向こうにはわずかに海が見える。

この葉書を展覧会場で見るたびに、私はいつも長い時間その前に立ちどまり、画面のなかに吸いこまれてゆく。この景色を実際に見たことがあるかのような、懐かしい感情にとらわれる。純三は、自分が採集したスケッチを兄が立派な本に載せてくれたことにたいし、近況を絵にすることによって、感謝の念を伝えたかっただけかもしれない。ではなぜそんな兄弟間の私信が、八〇年後の今日展覧会場を飾り、多くの人びとの目を釘づけにするのだろうか。

今和次郎、純三兄弟は弘前藩の藩主に仕える医者の家系に生まれた。和次郎は東京美術学校図按科（東京藝術大学美術学部デザイン科の前身）を卒業後、早稲田大学建築科に勤めていた一九二三年（大正一二）に関東大震災に遭遇。震災の焼け野原に建ちはじめたバラック建築を調査し、その後はバラックに彩りを添える「バラック装飾社」を立ちあげた。震災から二年後には、大東京随一の繁華街である銀座で、美校の後輩でバラック装飾社の一員でもあった吉田謙吉らと「考現学」採集をおこなう。和次郎一行はそこで、道ゆく人びとの装いや髪型といった細部に目を凝らし、それらをくまなく記録する「一切しらべ」「悉皆調査」を実行したのである。

雑誌『婦人公論』に発表された「東京銀座街風俗記録」は評判を呼び、本所深川の「貧民窟」、高円寺、阿佐ヶ谷、吉祥寺の「郊外」にも採集の網を拡げていった。和次郎らによる考現学採集の成果は、一九二七年（昭和二年）に新宿紀伊國屋書店で「しらべもの（考現学）展覧会」と銘打って展示される。純三もこの展覧会に、「青森雪の風俗帳（其の一）」と題する津軽の採集スケッチで色を添えた。その一部とみられる「犬の皮を着た人々」も楽しい断片だ。津軽に住む農婦や馬子（馬をひいて人や荷物を運ぶことを職業とした人）の後ろ姿が、微細かつユーモラスに採集されている（なお、一九三一年の「葉書」に記された『考現学採集』は、この年に建設社から刊行された今和次郎と吉田謙吉の編著である）。

今和次郎がその名を知られるようになったのは、一九二二年（大正一一）に刊行された『日本の民家』によってであった。民俗学の泰斗柳田国男は、絵が達者で建築に詳しく、しかも粘り強く好奇心旺盛な和次郎に、民家を専門的に研究するよう促したのである。『日本の民家』の中核をなすのは、達意のスケッチと平易な文章で各地の民家を紹介した採集篇「絵と説明」である。その巻頭を飾ったのは今兄弟の故郷「津軽の民家」だった。

和次郎の五歳下の弟である純三は、画家を志して太平洋画会研究所、葵橋洋画研究所に学んだ後、「自由劇場」や「芸術座」で舞台美術にかかわる。また画家としても文展や帝展に入選し、資生堂の意匠部（現在の宣伝部）に勤めていたこともある。震災を機に帰郷した純三は、生地弘前ではなく青森市に住み、石版画と銅版画の研究に打ちこむとともに、東京で考現学に邁進《まいしん》する兄に向けて、青森の採集を次々と送っていった。

考現学採集は今兄弟の専売特許ではない。演劇・映画の世界で名をあげた吉田謙吉、グラフィックデザイナー、デザインジャーナリストとして活躍した新井泉男《いずお》といった個性を抜きにして考現学を語ることはできない。しかし今兄弟のユニークな個性は、それらのなかでもとくに際立っていると私は思う。

二人に共通するのは、津軽人ならではのしつこいまでの粘り強さと、どこかほの暗さを感じさせるユーモアであろう。こういった特徴は、じつは太宰治の小説や寺山修司の舞台とも通い合う個性である。太宰の文学を評するときにしばしば用いられる「含羞」という言葉がある。本音を直接的にあらわにせず、はにかみながら笑いに紛らせて自己を主張するのだ。「もってまわった」「斜に構えた」とも見える含羞の底にあるのは、弱いものが強いものに立ち向かうときのゲリラ的な手法なのである。今兄弟はそれを「絵と説明」で実現しようとしたのではなかったか。

五一歳の若さで世を去った純三の業績のひとつに、青森に銅版画を根づかせ、版画教育の下地を敷いたということがある。あの棟方志功も純三のアトリエを訪ね、教えを請うたひとりだった。青森出身の版画家といえば、ナンシー関もその流れに連なるだろう。彼女の消しゴム版画に添えられたシニカルな一言。今兄弟が拓いた考現学採集と二人に共有する観察眼が、ここにも受けつがれていると考えても決して間違いではない。

そんなことを考えながら私はまたあの「葉書」を見て、小さいけれど、とてつもなく豊かな奥行きをもつ世界に引きこまれてゆくのであった。

「百姓」のフォークロア

網野善彦の歴史学と「塩・柿・蚕」

百姓再考

網野善彦《あみのよしひこ》による「百姓は農民ではない」という提言は、網野史学の展開において後期に唱えられた重要かつ大きなものであった。それは「職人」や「芸能民」「遍歴民」、「非人」や「遊女」の存在を強調したこととあわせて、日本社会の多様性を訴える刺激的な問題提起だった。「百姓は農民ではない」をもう少し正確にいうと、百姓イコール農民ではない、百姓は農民とはかぎらない、という指摘である。網野のこうした「百姓」概念をおおざっぱにまとめてみると次のようになる。

日本列島の古代から中世の社会において文書に現れる「百姓」のなかには、海上や海浜で生業を営む人びともいたし、さまざまな樹木の栽培、あるいは牧畜、製鉄や織物に携わる人びともいた。さらには収穫物、生産物の交易も大きな仕事だった。また田畠では米のほかに、稗や麦といった穀物もよく植えられていた。網野は以上のようなことを指摘することにより、「百姓は水田稲作農耕民である」という常識やイメージを覆そうとしたのである。

『網野善彦著作集第八巻　中世の民衆像』(二〇〇九年)で桜井英治が解説するところによると、網野が近世の「百姓」についても農民とイコールでないと明言するようになるきっかけは、昭和五九年(一九八四)に神奈川大学日本常民文化研究所で開始した奥能登時国家の調査にあった。この認識を活字化したものとしては、一九九〇年(平成二)六月の講演「海と日本社会」が早い時期のものだと桜井は指摘する。さらに、中世だけではなく近世の「百姓」にも、農民以外の多様な人びとが含まれていたという確信を網野は得ていった。そして一九九〇年代の後半から、『日本社会の歴史』(一九九七年)や『日本中世の百姓と職能民』(一九九八年)をはじめ、『続　日本の歴史をよみなおす』(一九九六年)、『米・百姓・天皇――日本史の虚像のゆくえ』(二〇〇〇年)、『歴史を考えるヒント』(二〇〇一年)のような入門書、対談集にいたるまで「百姓」の問題が網野の著作の前面に押しだされてくるのである。

本稿ではまず網野善彦の「百姓」概念の全体像を把握しながら、私のおもな関心領域である民俗学の視点を交えて考えをめぐらせてみたいと思う。

「百姓は農民とはかぎらない」という提言において、網野は、古代では『万葉集』のなかに筑前国宗像郡の百姓、宗形部津麻呂《むなかたべのつまろ》という人の名が出てくることを例証とする。宗形部津麻呂は、大宰府から対馬国に食糧を送る船の船頭に任命された。しかし津麻呂は年をとったため、友人の白水郎《あま》荒雄《あらお》にその仕事を替わってもらった。ところが荒雄の船は暴風雨で沈んでしまったので、彼の家族を思いやり山上憶良が歌十首を詠んだ。その詞書《ことばがき》に「百姓宗形部津麻呂」と記されている。しかし、この「百姓」津麻呂の仕事は船の梶取《かじとり》で、まぎれもなく「海民」である。

＊

「尾張国郡司・百姓解文」は、永延二年（九八八）一一月八日に、尾張守藤原元命《もとなが》を糾弾するために書かれた三一か条におよぶ訴状である。この解文はまず、「官人」「郡司」は官職をもっている人だが、それと併記して官職・位階をもっていない普通の人を指す言葉として「百姓」が用いられていたことを示す。さらにここには、元命が横暴であるため、「農夫」たちは耕作を、「蚕婦」たちは養蚕を放棄し、百姓たちが嘆いていることが記されている。つまり「農夫」と「蚕婦」は「百姓」に含まれるものの、それぞれが別の概念として使われ、また「百姓」と「農夫」を区別して使っていたことがわかる。また、百姓の女性が養蚕をおこなっていたことをも物語っているのである。

「百姓」の成年男子が負担していた調庸、都への貢物として運んだ品目をみると、米を調としていたのは陸奥と出羽の二国だけで、それ以外の地域では鮑、鰹、鮭、海草などの海産物が調として納められていた。若狭国の「百姓」の調はすべて塩であった。鉄や鍬、女性が織った布や絹なども調として送られていた。そういった特産物はすべて「百姓」と呼ばれる人びとが生産していたのである。

中世社会では平安時代末期、一二世紀頃には、海民を表現する場合に、北陸の日本海側では「海人（あま、あるいはかいじん）」という言葉が使われた。瀬戸内海や琵琶湖の海民は「網人（あみうど）」、太平洋側の霞ヶ浦や北浦、北西九州の海民は「海夫（かいふ）」と呼ばれた。ところが、こうした「海人」や「網人」が、一三世紀に入り、「荘園公領制」が確立するとともに、公の文書においてはすべて「百姓」に言いかえられていく。

江戸時代になると、「農人」の「農間稼《のうかんかせぎ》」あるいは「作間稼《さくまかせぎ》」という言葉が使われるようになる。これは農業の間の副業という意味で、本業の「農」よりも副業の「稼」のほうが収入が多く、「稼」が主な生業で、農業が副業であった人びとが数多くいたことを示す。果樹栽培や薪炭の生産、女性による養蚕や織物、さらには棉作《わたさく》や菜種、煙草の栽培などが含まれる。海村においても農業と廻船・製塩・漁撈とを比べた場合、後者が本職で農業はごくわずかという人のほうがはるかに多かった。

「百姓」を「農民」と同義とする考えかたが日本人の中に浸透しはじめたのも、江戸時代だった。江戸中期の儒者伊藤東涯は、その著書のなかで「農ハ百姓ノコト也」と記し、「農夫」に「ヒヤクセウ」という訓をつけている。一八世紀の前半に大坂の医師寺島良安が編纂した『和漢三才図会』にも、「農人」は「俗云百姓」と書かれている。良安は「百姓」は四民の通称であり、農民の呼称とするのは誤りであると注釈をつけているが、百姓イコール農民という思い込みが江戸時代にはかなり広がっていたことを示すものでもある。

この思いこみは明治時代以降、さらに深く社会に浸透していった。そのことをはっきり確認できるのは、明治政府が作成した最初の統一した様式による全国的戸籍、明治五年(一八七二)の壬申《じんしん》戸籍の記載である。

愛媛県の瀬戸内に浮かぶ二神島《ふたがみじま》には、江戸時代の終わり頃には一三〇戸ほどの家があり、江戸中期の人口は四五〇人程度だった。典型的な海村で、田畠はわずかな面積しかない。この島で魚商売を手広く営んでいた村上宗一郎家から壬申戸籍の草稿本が見つかった。清書して県に提出する前の下書きだが、商業を営んでいたこの村上家をはじめ、島の一三〇戸の家のほぼすべてに、「農」という注記が付されていた。この戸籍からは二神島の人びとの生活を支えた最も主要な生業である漁業や舟運や商業、山での生業などはすべて切り捨てられていることになる。壬申戸籍のマニュアルには、職業欄に「農」「工」「商」しかない。だから百姓も水呑・亡《もう》土《ど》もすべて「農」とするほかない。城下町の町人だけが「工」「商」にされ、制度的に村として扱われるところはすべて「農」になってしまう。百姓を「商」とする場合もあるという感覚を、明治政府はもっていなかったのである。

この数字が国家的・組織的な教育を通じて、「国民」に徹底して刷りこまれ、日常的な常識になっていったから、「百姓」という字を見るとすぐに農民と考えてしまった。しかし、この「常識」が日本の社会の実態を非常に歪んで理解させてしまっていたことは間違いない、と網野は指摘するのだった。

塩

中世の土地制度「荘園公領制」の確立とともに、「海人」や「網人」が「百姓」に言いかえられたことをみてきた。網野は、言葉は言いかえられても、海辺の人びとが依然として専ら海を生活の舞台としていたのは変わらなかったであろうと推論する。そして網野はこうした人びとを指す言葉として、宮本常一がつくった「海民」という言葉を用いた。彼らは中世前期には漁業や製塩、海上交通にも従事していたので、「漁民」「製塩民」「廻船人」という言葉で限定することはできない。そこで、「海に生きた人々」という意味で「海民」と表現するのが最も適切だと考え、日本列島各地の海村を調査した宮本の造語を用いたのである。

海民の歴史を古代まで遡ると、『日本書紀』の延暦一八年（七九九）一一月四日の記事に、備前国の「児島郡百姓等、塩を焼て業となす。因て調庸に備ふ」とあり、この百姓は農民ではなく明らかに塩をつくる海民であろうと考えられる。

中世の「百姓」が負担した租税、年貢の品目をみると、全国の荘園・公領の年貢のなかで米年貢の占める割合は、全体の三分の一強程度である。尾張・美濃から東の地域では米年貢を負担しているところは例外的で、ほとんどの荘園は絹、布、糸などの繊維製品を年貢にしていた。東北では金や馬、但馬は紙、中国山地では鉄や木材、材木を精製した榑《くれ》、西国では油や炭、瀬戸内海の年貢は塩であった。塩で年貢を納めていた伊予国（愛媛県）弓削島《ゆげしま》荘では田畑の広さに応じて年貢の塩の量が決められ、田畠からとれる米・麦と塩とを交換する形で塩が納められていた。

奥能登の「時国家」は、「豪農」といわれ、「下人」という奴隷・農奴のような人びとを駆使して大規模な農業経営をおこなっていたと考えられてきた。ところが網野らが古文書を調査した結果、土地をたくさん持っていることは事実だが、大きな船も二、三艘所有し、江戸時代の初めから松前まで行く廻船交易に従事していた。また塩浜を持ち大量の塩を生産していた。炭焼き、鉛や銅の鉱山の経営、さらには金融業までしていた。網野はこういった時国家の様相を「大変に大きい『百姓』であったことは間違いないが、決して大きな『農民』ではなかった」と表現している。

＊

宮本常一の昭和五四年（一九七九）の講演記録「塩の道」によると、渋沢敬三が全国の友人に出した質問を契機に一九三九年（昭和一四）にまとまった『塩俗問答集』（アチックミューゼアム編）が、日本における塩と人間生活のかかわりあいを調べた塩業史の研究の最初だった。

宮本の造語である「海民」を重用した網野が、宮本と「かなり長いあいだお話しして、その教えをうけることができた経験」は一度だけだったという。網野の生前に刊行された最後の本は、宮本常一の代表作『忘れられた日本人』（一九六〇年）を読みときながら、「女性」「東日本と西日本」「百姓」にかんする持論を展開した『宮本常一『忘れられた日本人』を読む』（二〇〇三年）である。

その第一講「宮本常一との出会い」によると、二人が話したのは香川県高松で開かれた日本塩業研究会の大会のときのことであった。イオン交換膜による製塩という新しい科学的方法が工業化された結果、日本の塩田がすべてなくなることになったため、日本専売公社は多額の予算を組み、塩業にかかわる歴史、民俗等をふくむ大きな体系を編纂することにした。そこで以前から活動していた日本塩業研究会がそれを推進する母体となった。日本塩業研究会の会長は初代が渋沢敬三で、二代目が楫西光速《かじにしみつはや》だった。楫西はアチックミューゼアム時代から日本常民文化研究所の研究員で、そのころは千葉の行徳の製塩の研究などをしていた。宮本は、渋沢、楫西のあとをうけて塩業研究会の三代目の会長になった。

網野が塩業研究会に入り、塩業史の編纂の仕事を始めたのは一九七〇年代に入ってからのことのようである。塩業研究会大会の懇親会のあと、二、三人の人たちと宮本の話を聞く機会を得た。宮本は民俗調査のときにはこれほど素晴らしい聞き手はいないといわれるくらいの聞き上手だと網野は聞いていた。しかしこのときの宮本は率直にいえば〝まくしたてる〟という感じで、網野は一言二言質問したくらいで、二、三時間喋りっぱなしだった。「ですから何をうかがったのか、じつはあまりはっきり覚えていないのですが、そのときの宮本さんのお話が大変興味深かったことは事実で、どこかで私のなかで生きているようにも思うのです」(『宮本常一『忘れられた日本人』を読む』)。

宮本常一は「塩の道」のなかで、塩の民俗や塩にまつわる信仰について興味深い考えを述べている。塩が私たちにとって大事なものでありながら、それにたいしての認識がたいへん薄いのはなぜだろうか、と宮本は問いかける。渋沢敬三がすでに的確に指摘していることだが、塩は私たちの食べ物の一要素ではあるが、それ自体はエネルギーにならない。米や麦を食べたり、酒を飲むとエネルギーになる。しかし、塩は人間の循環の機能を助け、健康を保全するという働きをするもので、塩そのものはエネルギーを生まない。つまりバイプレーヤー的であるという特色が、塩への関心を薄くさせているばかりでなく、塩にたいして私たちが本能的に認識しているものが、ほかの食べ物とは違っているのではないかと宮本は考えた。

エネルギーを生む食物は、そのなかに霊が宿っているというので、たいていは神に祀られている。米なら米、麦なら麦、栗なら栗にはそれぞれ穀霊がある。しかし塩には霊がないので、塩を作った塩土の神は出てきても、塩じたいを神に祀った例は調べても出てこない。宮本は、塩自体が神に祀られることはなかったということが、私たちの塩にたいするひとつの姿勢であったとみてさしつかえないように思えるというのである。

塩霊にたいする宮本の推察はたいへん興味深いものである。「塩を作った塩土の神」は、『古事記』では「塩椎神《しおつちのかみ》」、『日本書紀』では「塩土老翁《しおつちのをぢ》」として登場し、兄の釣針を失って憂いていた火遠理命《ほおり》（『紀』では彦火火出見尊《ひこほほでみのみこと》）を、无間勝間《まなしかつま》の小船（『紀』では無目籠《まなしのかたま》）に乗せて、海神の宮への道を教えて送った神だとされる。

神像彫刻史に目を向けたとき、福井県越前市大虫町の大虫神社には「塩椎像」が伝来する。この神社には二軀の俗体男神像があり、摂社塩土社に祀られてきた木造神像が塩椎神の像だとされてきた。この神像は檜の一材から成り、平安時代後期の制作とみられる。幞頭冠《ぼくとうかん》を戴き袍《ほう》をつけ、両手を拱手して笏をとり、耳には耳朶環《じだかん》を表す。頭部が異常に大きく、膝下を極端に省略し、頸をやや右に傾けた異様な像である。この神像から私自身は、塩をつくる百姓が信仰してきた「塩の霊」の存在を想像してみたくなるのである。

柿

「百姓は農民とはかぎらない」というとき、「農民」たちは水田での稲作のほかに、稗や麦といった穀物を積極的に栽培していたことも重要である。また列島社会の生活のなかで、樹木の果してきた役割はきわめて多様であったことも、網野が繰りかえし指摘してきたことである。こういった樹木や果樹を栽培していたのも、農民ではない「百姓」であった。

『延喜式』の大膳職にみえる「諸国貢進菓子」には、栗、椎《しい》、橘《たちばな》、郁《むべ》、梨、柑《こうじ》、楊梅《やまもも》などがあげられ、また節料《せちりよう》として栗、枇杷《びわ》、李《すもも》、桃、柿などの果実が給されている。さらに「内膳司式」によると、京北園をはじめとする都の近辺の園地に、梨、桃、柑、柿、橘、棗《なつめ》、郁が植えられ、「いちご」の園があった。このように古代までに多様な果実が栽植、賞味されていたことがわかっているものの、平安後期から中世にかけては、「林」として栽培・造成された栗林は別としてこれらの果樹はみあたらず、桃について植えられていたことを示す文書があるのみである。

ただそのなかで、柿のみが唯一の例外だった。田畠などの四至を示す目標に、しばしば柿木が見られるだけでなく、仁安二年（一一六七）の「厳島神社文書」によると安芸国三田郷の公的文書に、田畠、栗林、桑とともに柿があげられている。また紀伊国阿弖河《あてがわ》上荘の建久四年（一一九三）九月の検注目録にも、田・畠・在家、そして栗林とともに、柿五九八本、桑一八九〇本、漆三二本が検注され、同下荘では柿七〇〇本にたいして柿七〇連が賦課されている。さらに荘園公領制の形づくられる過程で、橘園（山城・摂津・播磨）、香園（近江）、椿園・梨園・棗園（伊勢）、生栗園（尾張）といった果樹・樹木の園地が、荘園と同質の単位になっていくことがしばしば見られる。

なかでも柿御園については、美濃国に天皇家領、近江国に摂関家領、尾張国に伊勢神宮領が確保、設定されている。阿弖河下荘で徴収された柿は干柿と推測されるが、支配者が柿を公的に掌握しようとした理由のひとつは、柿の果実の収取であったろう。そして網野は、日本における柿の重要性について、故郷の風景を思い浮かべながら述べはじめるのである。

私の故郷は山梨ですが、干し柿がずらっと軒先に吊るされている風景、真っ青な秋の空に柿がたわわになっている風景は印象に残っており、日本の民俗や村の風景と柿の木は切り離しがたいといってよいと思います。柿をのぞいては日本の庶民の生活は考えられないので、甘い干し柿にしたり、果実そのものも大きな意味を持っていますけれども、それだけではなく、柿渋を取って使っています。柿渋は特有の臭いがありますが、高度経済成長期以前の日本のさまざまな分野、たとえば漁撈のために網に渋を塗る、また着物に渋を塗ると強くなりますし、紙に渋を塗って唐傘をつくったりもしますし、木器にも塗ります。渋の用途は非常に広く、日本の工芸品を大もとで支えているといってよいと思います。それだけの意味を持っていたのですが、現代の研究者より当時の支配者のほうが当然ずっと利口で、こうした柿の役割をよく知っていて、柿の本数を調べているのです。

『女性の社会的地位再考』

網野は、庶民生活に深い関わりを持った樹木であるにもかかわらず、柿についての文献史学・考古学の分野の研究は皆無に近いという。そのほとんど唯一の研究は民俗学のほうからアプローチした今井敬潤の『柿の民俗誌——柿と柿渋』(一九九〇年)のみであるとし、網野はこの著書で今井が副題とした「柿渋」こそが、柿の本数を支配者が公式に検注、掌握しようとした理由なのではないかと考えた。

今井によると柿渋の用途は、酒・酢の製造、毒流し漁法、魚網や衣、紙や傘の染め、薬用、木器に塗るなど極めて多方面におよぶものだった。近世の近江には、近江国の柿御園と推定される「御園保之内荘」の柿渋が、檜物荘の木地物に塗り用いられたと伝えられる。ここから今井は木地屋と柿とが不可分の関係にあったと考えられるという。中世以降、近世にいたる社会で、「柿衣《かきごろも》」、柿渋で染めた衣、あるいは柿色の衣が「無縁」の人の姿を示し、一揆の衣裳ともなるような特異な意味をもったことは、網野自身が『異形の王権』(一九八六年)で注目したことでもあった。

『異形の王権』所収の「蓑笠と柿帷——一揆の衣裳」(一九八二年初出)では、柿色の衣は山伏の衣裳で、『太平記』の護良親王の一行が「柿ノ衣ニ笈ヲ掛ケ」て田舎山伏の姿をしたこと、『増鏡』の日野資朝《すけとも》が「山伏のまねして柿の衣にあやい笠という物を着て」東国に忍びくだったこと、『義経記』の奥州に落ちる義経が「柿の衣」を着た山伏姿であったことなどからみて、柿色の衣を着た山伏は関渡津泊を自由に通交可能で、そのため落武者や忍びの旅のもの、密使らが山伏に姿を変えたことが指摘される。「そして柿色の衣のみがそうであったとはいい切れないとしても、この色が山伏の異形性——「非人性」の重要な要素であったことは間違いない」というのである。

いっぽうで今井は、山伏は衣にかかわる知恵として、山野に自生していた柿の搾り汁を利用することは難しいことではなかったと指摘する。そして彼らはおそらく、初めは山野にあった柿（マメガキやヤマガキなど）を食糧にしたものの、これらの柿は渋くてそのままでは食べられず、熟柿になるまで待ったり、干柿にして食べたのではないか。そうして、柿とのかかわりが密接になるなかで、なにかをきっかけに、青柿の渋液（柿渋）というものに遭遇したのではないかと今井は想像するのである。さらには防水性にすぐれ、風を遮断する力をもつ柿渋染めの衣は、風雨のなかでの厳しい行を少しでも和らげるものとなったのではなかろうかと推論している。

今井はまた、元禄歌舞伎が盛んだった時代、市川団十郎のお家芸である「暫《しばらく》」のなかに登場する、鎌倉権五郎が身につけている三升大紋の大素袍は柿色地とされていることに注意を促す。この色は江戸の民衆に歓迎されて、「江戸前の色」とまでいわれた。このことについて歌舞伎研究家の富田鉄之助は、「彼（団十郎）の出自は、甲州牢人或いは下総幡《はた》谷《や》村の農家と伝えられている。農家の背戸にはその家の柿の原種木を一本、〈家の木〉として必ず保存してゆく慣習がある。……その柿の木は柿渋採取を通じ、帷子《かたびら》や合羽、竹や蔓の半製品で産業化を試みはじめた農家にとって大事な生活樹で……原種木を常に一本蓄えておく姿勢を護っている。……関八州の出稼ぎ人のたまり場である江戸の市民は、出自の似通う正義漢役者の〈柿色〉なる標づけの所在をひとときわ意味深く汲みとっていたような気がする」（「歌舞伎芸能者の装い」一九八三年）と述べている。柿が近世の農家において〈生活樹〉であり、柿の実を食用にできるという価値をもつとともに、柿渋を採取できるという価値も大きなものだった。今井は、富田の論考で注目すべきは、近世の農家生活を表す色としての役割を柿渋色が演じているところにあり、柿渋は単に農家生活の必需物資としてだけでなく、近世農家の精神生活にまで強い影響をおよぼす存在になっていったのだろうというのであった。

網野は今井による、韓国南部の済州島でも柿の果実が食用になるとともに、柿渋染めの衣服が用いられているという指摘にも目を向ける。今井はタイ北部、東北部でも柿渋染めがおこなわれていることに注目するが、網野はそこから、アジア大陸南部から朝鮮半島南部を経て日本列島にいたる柿と柿渋の文化の流れを想定することも可能になるというのだ。

柿の民俗については、『柿の民俗誌』のほかに今井が啓発されたという永野忠一の『柿の信仰と伝承（柿の民俗誌）』（一九九四年）がある。この本は、柿の民俗をおもに、柳田民俗学の祖霊観にもとづいてかえりみた著作だが、柿の果、柿の木が歳越し歳明けの民間祭事によくみられること、柿の木が死を予兆させる樹木であったことなどを指摘した貴重なフォークロアである。

蚕

「律令国家」は、田令に上戸・中戸・下戸それぞれに基準根数を定めて桑と漆を植えさせ、国ごとに桑漆帳を作成させるなど、田地とは別に桑と漆を掌握しようとした。しかし網野以前の歴史学では、これを調、調副物など「中央への貢上品との関連」を想定し、中国の桑や楡や棗《なつめ》が民間の生活とも深くつながっていたと考えられるのに比べて、日本令の桑や漆は貢上に重点があったとして、桑・養蚕、絹織物や漆、漆器等を非日常的な生業ととらえてきた。だが網野は、縄文時代に漆器が大量に生産、使用されていることからも漆が日常的生業であることは明らかであり、桑についても同様であるとして、こういった見方が偏っていると考えた。

『類聚《るいじゅう》三代格』弘仁八年（八一七）一二月二五日の太政官符にみられる伊勢国多気郡の桑は一三万六五三三根、度会郡は五万八四五〇根という膨大な根数におよぶものである。網野は、これだけの桑による養蚕によって生産される糸・綿・絹が、単に貢納品のみに充てられたとするのは不自然ではないかという。官符等の慣用句の「農桑」「農蚕」という語が物語っているように、古代以来、桑、養蚕は農業と同一視、あるいはその一部とされることがなかった。『類聚三代格』養老三年（七一九）七月一九日条に「人務二農業一、家赴二桑夏一」とあり、「尾張国郡司百姓等解」に「農夫拋鋤、獺耕作之事、蠶婦忘桑、倦璽絲之業、豈非百姓之歎」とあるように、農業・耕作と桑・養蚕とははっきりと区別されていた。平安後期以降についても、桑が文書に現れる国と、絹、綿、糸を年貢として貢進する荘園・公領の数を国別にまとめてみると、四七か国で養蚕と絹・綿・糸の生産を確認することができる。なかでも伊勢・尾張・美濃は絹の特産国といえ、北陸道諸国、丹後、但馬、備後、安芸、紀伊、筑前、豊後、肥後、薩摩などにも多くみられる。

これだけの比重を「百姓」の生活のなかにもつ養蚕から絹・綿・糸の生産までの全工程を担っていたのは、前近代においては一貫して女性であった。古代においても『続日本紀』霊亀元年（七一五）一〇月七日の詔に「男は耕耘に勤め、女は紝織を脩め」とあるのをはじめ、『類聚三代格』元慶三年（八七九）一二月四日の官符に「京戸尽之女事、異二外国一、不知蚕桑之労」、さらに「尾張国郡司百姓等解文」に「農夫」は鋤による耕作、「蠶婦」は桑と繭糸の業に結びつけられている点などから、女性が桑、蚕、繭糸と関わっていたことは間違いないと網野は指摘した。

祇園社に属している南北朝期の綿座神人、小袖座神人はみな女性で、『七十一番職人歌合』でも機織、紺搔、帯売、縫物師、組師、自布売、綿売など、繊維製品に関わる職人、商人は女性であった。近世では、甲斐国山梨郡上井尻村東方の享保九年（一七二四）の明細帳には、「当村蚕」の項に「是ハ女之稼仕、糸ニ取下まゆハ綿ニ仕、まゆニ而も払商人ニ売申候」と記されている。こういった文書に、女性が糸、繭、綿を商人に売っていたと記されていることに注目するべきだと網野はいう。女性はおそらく非常に古く、養蚕については弥生時代に開始されてから近代のある時期まで、糸取、絹織物をはじめ、麻、木綿まで含む繊維関係の生産部門を担い、その生産物を自らの裁量で市庭において売却、交易するという活動に従事していたであろう。

こういった網野の考察を裏打ちするのはやはり、生まれ故郷山梨の思い出であった。『宮本常一『忘れられた日本人』を読む』で網野は、宮本常一の父善十郎が、周防大島で養蚕を導入したものの、あまり根づかなかったことにふれながら、みずからの家族の記憶を甦らせる。

私の郷里は山梨県ですが、母の世代の女性はみな自分で蚕を飼って糸をとっていました。私の母は体が弱かったのでやりませんでしたが、妻の母は最初から蚕を養い、糸をとって機織りして、ウチオリという手製の絹織物を布団地にして結婚の贈り物にしてくれました。そのように、私どもの母の世代まではみな養蚕・機織りをやっていたのです。ですから養蚕はすべて女性の仕事だということは当たり前であったのですが、それについてこれまでの歴史研究者は意識的に追究しようとはしませんでした。

なぜこのことが今まで注目されてこなかったか。それは、公的な世界で税を出しているのは男性だということになっているからで、たとえば絹や布は古代の調庸、中世の年貢になっているものの、それを納めたとして文書や付札に名前が出てくるのはすべて男性で、女性の名前は表に出てこない。このため養蚕、織物というきわめて重要な分野における女性の社会的な役割が、研究者の視野からこれまで抜けおちていたのではないか。

さらに網野は、現在、天皇が水田で田植えをし、皇后は養蚕をしているが、天皇家が改めてこうしたことを始めたのは、おそらく近代以降であり、どのような事情でそうなったかについては研究する価値があるという。この点にかんしては、高良留美子編『宮中養蚕日記』(二〇〇九年)が参考になるだろう。この本は、明治五年(一八七二)に群馬県佐波郡島村の蚕種業者田島弥平の長女田島民が、ほかの一一人の蚕婦とともに宮中に滞在して養蚕をしたときの経験を書き記した記録に、編者による論考「皇后の養蚕」「田島民が生きた時代と環境」を加えたものである。

宮中養蚕は明治天皇の后美子《はるこ》、のちの昭憲皇太后が「宮中において養蚕をはじめたいが、どのようにしたらよいか。その道の知識経験のあるものに聞くように」という要請を発し、渋沢栄一が回答することによって始められたものだといわれる。明治政府の高官は下級武士の出身者が多く、養蚕を知るものは当時大蔵大丞《だいじょう》を務めていた渋沢栄一しかいなかったためだと考えられる。宮中養蚕が始まると、大蔵省はこれを記事にした新聞を買いあげ、各府県に配布したが、これも渋沢栄一が命じたことではなかったかと高良は推測する。皇后の養蚕は、「御養蚕絵」といわれる錦絵に描かれ、石井研堂の『明治事物起原』（一九二六年）でも「桑茶栽培の流行」という項を設けて、皇后の養蚕についてふれている。なお天皇の稲作は、皇后の養蚕より新しく、昭和二年（一九二七）に昭和天皇が、内大臣秘書官長や侍従次長兼皇后宮太夫などを務めた河井弥八の発案により始めたものだったことも「皇后の養蚕」にはふれられている。

網野善彦は、『女性の社会的地位再考』の「むすび――日本史・世界史の見直し」の追記で、宮田登の教示によるとして、阪本英一の「安中の養蚕覚書」（『安中市史』民俗篇、一九九八年に加筆）を読んだことを記す。そして「これは養蚕の貴重な記録であり、失われようとしている養蚕の技術、民俗、言葉は早急に採集し、記録しておく必要があります」とコメントしている。阪本の養蚕研究はその後、平成二〇年（二〇〇八）に『養蠶《かいこ》の神々――蚕神信仰の民俗』としてまとまった。また平成一六年（二〇〇四）には安中市ふるさと学習館で「養蚕の神々――繭の郷で育まれた信仰」が開催され図録が刊行された。網野はこの追記のなかで、阪本が詳しくふれた養蚕にかんする信仰について、「衣笠様も蚕影山もみな女性の神であることに注目しておく必要がある」とも述べている。

蚕がよく孵《かえ》り、よい糸を吐くように祈願する「豊蚕信仰」の本尊は、たしかに女性的な姿をしたものが多い。筑波の蚕影山神社に始まる「金色姫」、安中・前橋など上州にみられる「絹笠（衣襲）明神」、栃木県足利や桐生の「白滝姫」、福島県川俣の「小手姫」、あるいはほんらいは仏教の尊像だが、関東から近畿にまで彫刻作例が残る「馬鳴《めみょう》菩薩」も、その多くは女性を思わせる像容である。女性の社会的地位を再考するにあたり、豊蚕神が女性の神であることに気づいた網野は、民俗学の観点からも炯眼《けいがん》だったといえるだろう。

*

この拙論では、私が近年興味を抱いている、「塩」「柿」「蚕」を媒介に、網野善彦が提起した「百姓は農民とはかぎらない」という提言について考えてみた。ここでは取りあげることができなかった、米以外の稗や麦や粟やソバといった穀物への信仰、鮭や鮑や海藻といった海産物にたいする信仰、あるいは鉄のような鉱物にたいする信仰についてはどのように敷衍できるか。網野善彦が大きく押しひろげた「百姓」概念をもとに、日本列島の社会でさまざまな生業を営んできた多様な人びとが、なにを信仰してきたかということは汲めどもつきぬ問題なのである。

あとがき

もったいぶった「はじめに」で、あえて名前をかくした人びとが、いったいだれだったかを最後に明かしておこう。

ギリシャの島に生まれ日本の山陰にたどりついた文学者とは、もちろんラフカディオ・ハーン、小泉八雲である。「われわれの行為は、……」という一節は、ハーンの来日第一作『日本瞥見記』(一八九四年)の第一七章「家庭の祭壇」からの引用で、これを引用した「日本のある詩人」とは入沢康夫で、死者を主題にした詩集は『死者たちの群がる風景』(一九八二年)のことである。

私が大学時代に手にしたこの詩集の、「I　潜戸から・潜戸へ――死者たちの群がる風景1」の冒頭では、「『我らは皆、／形を母の胎に仮ると同時に、／魂を𡌛の境の淋しい石原から得たのである』／といふ民俗学者の言葉を、／三つ目の長編小説で終章の扉に引いたあの先達も、／夜見の世界へと慌しく駆け去つて行つた」とうたわれる。この民俗学者は柳田国男で、「あの先達」は『忘却の河』の福永武彦である。『死者たちの群がる風景』にはほかにも、三好達治やジェラール・ド・ネルヴァルといった「死者たち」の影もみえかくれする。なお私が敬愛する戦後詩人のひとりだった入沢康夫氏も、去年の十月、夜見の世界へと慌しく駆け去って行かれた。

本書は私にとって、一二冊目の単著になる。そして最初の単著『日本の神様』が刊行されたのが二〇〇九年だったから、物書きになって十年の、節目の一冊にあたる。

しかしこの本は、これまで出してきた本とは毛色が違う。過去の一一冊のほとんどは書き下ろしで、二〇一七年に出した『21世紀の民俗学』だけが連載をもとにしたものだった。今回の本にいたっては、連載を単行本化したのでもない、いわゆる「集めもの」なのだ。「はじめに」にも書いたとおり、私が十年間に書いてきた本はどれも、「滑稽で、ロマンチックで、生真面目」な本だったと、自任している。そしてこの『死者の民主主義』は、いままで以上に、三つの要素に溢れていると思う。

最後になりますが、今回の本への収録を快諾いただいた雑誌・メディアの皆様にお礼を申し上げます。また世間からずれたような「集めもの」の企画を認めて、出版にご尽力くださった、トランスビューの高田秀樹さんに感謝します。「滑稽で、ロマンチックで、生真面目」な内容にぴったりの装いを与えてくださった文平銀座の寄藤文平さんと古屋郁美さん、ありがとうございました。

二〇一九年初夏　大阪

畑中章宏

参考文献

・東浩紀『ゲンロン0　観光客の哲学』ゲンロン、二〇一七年

・網野善彦『異形の王権』平凡社、一九八六年

『海と列島の中世』日本エディタースクール出版部、一九九二年

『日本社会の歴史』（上・中・下巻）岩波新書、一九九七年

『日本中世の百姓と職能民』平凡社、一九九八年

『女性の社会的地位再考』御茶の水書房、一九九九年

『米・百姓・天皇――日本史の虚像のゆくえ』大和書房、二〇〇〇年（石井進と共著）

『『忘れられた日本人』を読む』岩波書店、二〇〇三年

『網野善彦著作集第八巻　中世の民衆像』岩波書店、二〇〇九年

・石川直樹・須藤功・赤城耕一・畑中章宏『宮本常一と写真』（コロナブックス）平凡社、二〇一四年

・今井敬潤『柿の民俗誌――柿と柿渋』（近畿民俗叢書）初芝文庫、二〇〇三年

・遠藤周作『沈黙』新潮文庫、一九八一年

・大藤時彦・柳田為正編『柳田國男写真集』岩崎美術社、一九八一年

・こうの史代『この世界の片隅に』（上・中・下巻）双葉社、二〇〇八～〇九年

・高良留美子編『宮中養蚕日記』ドメス出版、二〇〇九年

・今和次郎『考現学入門』ちくま文庫、一九八七年
『今和次郎　採集講義』青幻舎、二〇一一年
・阪本英一『養蠶の神々――蚕神信仰の民俗』群馬県文化事業振興会、二〇〇八年
・桜井徳太郎『新編　霊魂観の系譜』ちくま学芸文庫、二〇一二年
・谷川健一『日本の地名』岩波新書、一九九七年
・谷川健一編『父を語る　柳田国男と南方熊楠』冨山房インターナショナル、二〇一〇年
・チェスタトン、ギルバート・キース、安西徹雄訳『正統とは何か』春秋社、二〇〇九年
・千葉徳爾『狩猟伝承』（ものと人間の文化史）法政大学出版局、一九七五年
・中沢新一責任編集『南方熊楠コレクションⅡ　南方民俗学』河出文庫、一九九一年
『南方熊楠コレクションⅤ　森の思想』河出文庫、一九九二年
・中島岳志『保守と立憲――世界によって私が変えられないために』スタンド・ブックス、二〇一八年
・新美南吉『牛をつないだ椿の木』角川文庫、一九六八年
・額田巌『結び』（ものと人間の文化史）法政大学出版局、一九七二年
『結び目の謎』中公新書、一九八〇年
・畑中章宏『災害と妖怪――柳田国男と歩く日本の天変地異』亜紀書房、二〇一二年
『蚕――絹糸を吐く虫と日本人』晶文社、二〇一五年
『21世紀の民俗学』ＫＡＤＯＫＡＷＡ、二〇一七年
・東雅夫編『柳田國男集　幽冥談――文豪怪談傑作選』ちくま文庫、二〇〇七年
・平田篤胤著、子安宣邦校注『仙境異聞・勝五郎再生記聞』岩波文庫、二〇〇〇年
・藤森栄一『古道――古代日本人がたどったかもしれみちをさぐる』学生社、一九六六年
『縄文農耕』学生社、一九七〇年

・古川貞雄『増補　村の遊び日――自治の源流を探る』農山漁村文化協会、二〇〇三年
・松居竜五・田村義也編『南方熊楠大事典』勉誠出版、二〇一二年
・松谷みよ子『あの世からのことづて――私の遠野物語』筑摩書房、一九八四年
『現代民話考』（全一二巻）ちくま文庫、二〇〇三～〇四年
・宮崎賢太郎『カクレキリシタンの実像――日本人のキリスト教理解と受容』吉川弘文館、二〇一四年
・宮沢賢治『宮沢賢治全集7　銀河鉄道の夜・風の又三郎・セロ弾きのゴーシュほか』ちくま文庫、一九八五年
『【新】校本宮澤賢治全集　十三（上）　覚書・手帳　本文篇』筑摩書房、一九九七年
・宮本常一『忘れられた日本人』岩波文庫、一九八四年
『塩の道』講談社学術文庫、一九八五年
『私の日本地図4　瀬戸内海Ⅰ　広島湾付近』未来社、二〇一四年
・ムンシ、ロジェ・ヴァンジラ
『村上茂の伝記――カトリックへ復帰した外海・黒崎かくれキリシタンの指導者』聖母の騎士社、二〇一二年
・諸星大二郎『諸星大二郎自選短編集2　彼方より』集英社文庫、二〇〇四年
『妖怪ハンター』（地の巻、天の巻、水の巻）集英社文庫、二〇〇五年
『稗田のモノ語り　魔障ヶ岳　妖怪ハンター』講談社、二〇〇五年
『未来歳時記　バイオの黙示録』集英社、二〇〇八年
・柳田国男『柳田國男全集4　遠野物語・山の人生・史料としての伝説　ほか』ちくま文庫、一九八九年
『柳田國男全集6　妖怪談義・一目小僧その他　ほか』ちくま文庫、一九八九年
『柳田國男全集13　先祖の話・日本の祭・神道と民俗学　ほか』一九九〇年
『柳田國男全集1　産業組合・農政学・農業政策学・後狩詞記・石神問答・2補遺　農業政策』筑摩書房、一九九九年
『孤猿随筆』岩波文庫、二〇一一年

初出一覧

Ⅰ

・敢えて言おう。いまこの国には「死者のための民主主義」が必要だと（講談社「現代ビジネス」二〇一七年一〇月二二日）
・「私は死んだのですか？」東北被災地で幽霊が出現した意味（「現代ビジネス」二〇一八年三月八日）
・妖怪と公共（青土社『ユリイカ』二〇一六年七月号「ニッポンの妖怪文化」）
・死者に「更衣」した大勢の若者たち～仮装が持つ〝本当の意味〟とは？（「現代ビジネス」二〇一六年一一月一日）
・日本の祭はどこにあるのか（富士ゼロックス株式会社「グラフィケーション[2]」二〇一七年十月号）

Ⅱ

・諸星大二郎論序説（書き下ろし）
・ＩＴと怪異現象――二十一世紀の妖怪を探して（都市出版『東京人』二〇一八年九月号「江戸妖怪探訪」）
・VTuberと人形浄瑠璃は似てる？（「Zing!」二〇一八年六月二九日・再構成）
・江戸時代から続く「日本人のＶＲ羨望」（「Forbes JAPAN」二〇一八年六月九日）
・アイボの慰霊とザギトワへのご褒美（「Forbes JAPAN」二〇一八年四月八日）
・あなたは飴屋法水の『何処からの手紙』を見逃すべきではなかった（「WIRED」二〇一六年一二月五日）

・齋藤陽道展「なにものか」評（朝日新聞出版『アサヒカメラ』二〇一六年一月号）
・『この世界の片隅に』は優れた〝妖怪〟映画だ！　民俗学者はこう観た（「現代ビジネス」二〇一六年一一月二六日）

Ⅲ

・縄文と民俗の交差点（『ユリイカ』二〇一七年四月臨時増刊号「縄文 JOMON」）
・熊を神に祀る風習（『ユリイカ』二〇一三年九月号「クマ」）
・窓いっぱいの猫の顔（『現代思想』二〇一六年三月臨時増刊号 imago「猫！」）
・移住漁民と水神信仰（青土社『現代思想』二〇一七年七月臨時増刊号「築地市場」）
・過労の現代人よ、「休日増」を勝ちとった江戸の若者たちをご存知か（「現代ビジネス」二〇一七年一二月四日）
・『沈黙』のキリシタンは、結局なにを拝んでいたのか？（「現代ビジネス」二〇一七年二月七日）
・戦後日本に「初詣」が定着した意外な理由～実は最近のことだった!?（「現代ビジネス」二〇一六年一二月三一日）
・大阪万博とは何だったのか？　知られざる「歴史と信仰と秘話」（「現代ビジネス」二〇一八年一一月二三日）
・正月飾りに秘められた驚きの科学～日本人にとって「結び」とは何か（「現代ビジネス」二〇一七年一二月三一日）

Ⅳ

・手帳のなかの庚申塔――賢治と災害フォークロア（河出書房新社『宮沢賢治　修羅と救済』二〇一三年九月）
・「青」のフォークロア（河出書房新社『谷川健一』二〇一四年一月）
・写真と民俗学者たち（平凡社『宮本常一と写真』二〇一四年七月）
・東北に向けた考現学のまなざし――今和次郎と今純三（新潮社『考える人』二〇一二年春号特集「東北　日本の『根っこ』」）
・「百姓」のフォークロア（『現代思想』二〇一五年二月臨時増刊号「網野善彦」）

畑中章宏
一九六二年、大阪生まれ。
作家、民俗学者。
『災害と妖怪』『津波と観音』（亜紀書房）、
『ごん狐はなぜ撃ち殺されたのか』
『蚕』（晶文社）、
『柳田国男と今和次郎』
『『日本残酷物語』を読む』（平凡社新書）、
『天災と日本人』（ちくま新書）、
『21世紀の民俗学』（KADOKAWA）
など著作多数。

死者《ししゃ》の民主主義《みんしゅしゅぎ》
二〇一九年七月二〇日　初版第一刷発行

著　者　畑中章宏《はたなかあきひろ》
発行者　工藤秀之
発行所　株式会社トランスビュー
郵便番号　一〇三－〇〇一三
東京都中央区日本橋人形町二－三〇－六
電話　〇三－三六六四－七三三四
URL　http://www.transview.co.jp/

装　丁　寄藤文平＋古屋郁美（文平銀座）
印刷・製本　中央精版印刷

ISBN 978-4-7987-0173-8 C0095